엄마
의격

# 엄마의 격

발행일    2015년 12월 22일

지은이    정 형 기
펴낸이    손 형 국
펴낸곳    (주)북랩
편집인    선일영                          편집   김향인, 서대종, 권유선, 김성신
디자인    이현수, 신혜림, 윤미리내, 임혜수      제작   박기성, 황동현, 구성우
마케팅    김회란, 박진관, 김아름
출판등록  2004. 12. 1(제2012-000051호)
주소      서울시 금천구 가산디지털 1로 168, 우림라이온스밸리 B동 B113, 114호
홈페이지  www.book.co.kr
전화번호  (02)2026-5777                   팩스   (02)2026-5747

ISBN    979-11-5585-832-5 03370(종이책)      979-11-5585-833-2 05370(전자책)

이 도서의 국립중앙도서관 출판예정도서목록(CIP)은 서지정보유통지원시스템 홈페이지(http://seoji.nl.go.kr)와
국가자료공동목록시스템(http://www.nl.go.kr/kolisnet)에서 이용하실 수 있습니다.
(CIP제어번호 : CIP2015035061)

성공한 사람들은 예외없이 기개가 남다르다고 합니다.
어려움에도 꺾이지 않았던 당신의 의기를 책에 담아보지 않으시렵니까?
책으로 펴내고 싶은 원고를 메일(book@book.co.kr)로 보내주세요.
성공출판의 파트너 북랩이 함께하겠습니다.

고 수 는 엄 격 하 다

# 엄마
# 의격

**정형기** 지음

한국 엄마들에게
부족한 1%를 채우는
## 자녀 교육의 노하우

북랩 book Lab

# 여는 글

교육 현장을 30년 동안 누비며 많은 엄마들을 만났다. 그 엄마들에게 어떻게 하면 자녀를 바꿀 수 있느냐는 말을 수없이 들었다. 그때는 사실대로 밝히지 못했으나 교육계를 떠난 터라 이제 솔직하게 말한다.

"문제는 엄마입니다. 엄마가 변해야 자녀도 바뀝니다."

이러면 엄마들은 다시 어떻게 해야 자기를 바꿀 수 있느냐고 물을 것이다. 하수는 남에게 모범 답안을 얻으려 한다. 고수를 따라가면 격이 오른다고 생각한다. 그러나 마음만 먹을 뿐 한 걸음도 내딛지 않고 자녀가 잘되기 바란다. 그에 견주어 고수는 험한 길을 나름대로 걸어간다. 하수에게 휘둘리지 않고 다른 고수에게 얻은 정보를 알맞게 수정하여 자녀에게 제공한다. 자녀 교육을 축복이라 여기며 문제를 자녀와 함께 푼다. 자신을 바꾼 뒤에 자녀도 변하기 바란다.

고수란 자녀를 명문 대학에 보낸 엄마다. 자녀를 좋은 대학에 보내면 성공할 가능성이 올라가므로 명문대를 놓고 엄마들끼리 겨룬다. 고수는 그 경쟁에서 이긴 엄마다. 자녀가 대학에 들어갈 때까지가 엄마노릇의 전반기에 해당하는데 그때까지 자녀의 학습 기초를 잘 다지면자녀 교육에 성공한다. 내가 학생들의 대입을 도와주면서 엄마들을만났기 때문에 여기서도 대입을 중심으로 엄마를 말한다.


학교와 학원에서 고수들을 많이 살펴본 뒤에 엄마들에게 불편한진실을 말한다. 여러 교육 현장을 누빈 덕분에 나는 고수와 자녀를 총체적으로 파악할 만한 안목을 기를 수 있었다. 하수는 이유가 많고 고수를 인정하지 않으나 고수에게는 배울 점이 많다. 자신을 바꾸려고하는 엄마들이 이 책에서 고수의 길을 배우기 바란다.

세상에는 엄마의 길을 말하는 책이 넘친다. 그 책에도 고하가 있다. 학자의 책은 실제보다 이론에 치우치고, 엄마가 쓴 책은 특별한 사례라 일반화하기 곤란하다. 학교 교사나 학원 강사의 저서는 현장감이있으나 자기 입장에 치우쳐 객관성이 떨어진다. 저술 배경이 다른지라번역서도 우리 현실과 거리가 있다. 엄마들은 대중 매체에서 교육정보를 많이 얻는데 그 품격은 대체로 책보다 낮다. 개인적인 경험을 진리처럼 말하지만 그 가운데 진주는 드물다. 접근하기 쉽다 보니 엄마들이 인터넷에서 육아 정보를 많이 얻을 뿐이다.

이런 점을 안타까워하다 50대 아빠가 용기를 내어 엄마의 길을 말한다. 공교육과 사교육을 넘나들면서 만난 고수에게 얻은 통찰과 지혜를 교육 현장을 떠나 세상에 알린다. 자녀를 성인으로 키운 뒤에 여러 교육 원리를 나름대로 소화하여 여기에 소개한다.

자녀 교육에 돈이 필요하다. 그러나 엄마의 태도가 돈보다 더 중요하다. 고수는 최초이자 최고의 스승이 되어 자녀를 교육한다. 자녀 교육을 돈으로 하는 외주 사업으로 생각하지 않고, 마음으로 가꾸는 상생 예술로 여긴다. 자녀를 낳을 때 먹은 다짐을 날마다 새롭게 실천한다. 대부분 독종으로 영리하게 극성을 떤다. 무엇보다 자녀가 대학에 들어갈 때까지 한결같이 밀어준다.

자녀가 잘되었다고 하여 모두 고수가 아니지만 고수가 되면 자녀가 성공할 가능성이 올라간다. 엄마의 성공 체험이 자녀에게 영향을 주기 때문이다. 자녀가 대학에 들어간 뒤에도 패자부활전에서 승리할 수 있다. 인생 점수는 관을 덮고 매기는지라 해볼 만한 반전이다. 엄마가 죽을 때까지 자녀 교육에 매진해야 하는 까닭이 여기에 있다.

엄마들은 다른 사람이 자신을 고하로 나누는 일을 싫어한다. 지금까지 평가 불허의 성역에서 살았기 때문이다. 그러나 평가가 없으면 향상도 없을뿐더러 학생은 시간마다 평가를 받으며, 교사 또한 해마다 평정을 받는다. 이제 엄마의 성적을 매길 차례다. 이미 여기저기에서 엄마의 점수를 발표한다. 볼썽사나운 하수는 '맘충' 곧, 벌레 같은 엄마라고 부른다. 언어는 현실을 반영하는지라 엄마 같지 않은 엄마가 늘어날수록 그에 대한 악평도 증가할 것이다.

'엄마 자격증'은 없다. 어떤 여자든 아이를 낳으면 엄마가 된다. 다만 엄마라고 하여 똑같지는 않다. 엄마에게도 격이 있다. 아이는 엄마만큼 자란다. 아이의 삶은 엄마의 품격에 따라 갈린다. 때문에 만국에서 자식을 욕할 때 엄마의 출신이나 행실을 거론하는 것이다. 자녀를 잘 키우려면 엄마부터 바뀌어야 한다. 고수는 아빠와 자녀를 탓하지 않고 자신을 엄격하게 다스린다. 여러모로 모자란다고 생각하며 날마다 나아지려고 애쓴다. 무덤에 들어간 뒤에도 인생을 역전할 수 있다고 믿으며 세상을 떠날 때까지 자신과 자녀에게 최선을 다한다.

이 책은 8년 동안 경제 활동을 거의 하지 않은 남편을 내조해준 아내가 쓴 셈이다. 글을 쓰면서 어머니를 새롭게 알았다. 하늘에 계신 아버지에게 이 책을 바친다. 물심양면으로 도와준 동생들에게 감사한다. 두 아들이 원고를 읽고 책의 격을 올렸으니 고맙게 여긴다. 많은 출판사 가운데 북랩에서 책을 내게 되어 기쁘다.

이 책의 주제를 한마디로 말하면 이렇다.

"죽는 날까지 자신과 자녀에게 엄격한 엄마가 자녀와 함께 꿈을 이룬다."

2015년 겨울에
정형기

# 이책의

# 차례

제3장 **서로 기르며 나아간다**

제1장

# 격려하며
# 기다린다

# 자녀를 한 방에 보낸다

## 제때 제대로 자극한다

"알아서 다 해주는데 공부를 안 해요."

엄마와 상담할 때 자주 듣는 말이다. 엄마는 자녀에게 좋은 환경을 마련해주는데 아이는 공부를 안 한다. 엄마는 맹모보다 극성인데 아이는 왜 맹자처럼 공부하지 않을까? 세상이 달라졌기 때문이다. 이천 년 전의 맹자에게는 공부가 열망이었으나 오늘날 아이에게는 공부가 고역이다. 나는 50대인데 고향의 내 또래 20여 명 가운데 나 혼자정규대학을 나왔다. 동년배 여자 중에는 고등학교를 나온 사람이 하나도 없다. 70대인 어머니가 자랄 때는 여자를 초등학교에도 안 보내려 했다. 어머니도 초등학교 4학년 중퇴생이다. 그나마 남동생은 학교에 보내면서 당신은 보내주지 않는다고 몇 년 동안 떼를 써서 얻은 학력이다.

나는 그런 어머니 아래서 6남매의 장남으로 태어났다. 어머니는 내가 고등학교를 나와 공무원이 되기를 바랐으나 나는 대학에 들어갔다. 어머니는 말리기는커녕 나도 당신처럼 공부를 좋아하는 줄 알고 힘든 속에서 나를 열심히 뒷바라지했다. 그 희생에 감사하고 어머니가 못한 공부까지 하느라고 지금도 읽고 쓴다.

요즘 30대 엄마들은 대부분 대학을 다녀 공부가 무엇인지 안다. 그런 엄마들이 공부의 의미도 모르는 자녀에게 무조건 공부하라고 압박한다. 말만 하고 발은 움직이지 않는다. 아이는 엄마의 말이 아니라 발을 보고 배운다. 엄마가 모범을 보이면서 자녀에게 한 방을 날릴 때 훈계의 효과를 본다. 엄마가 발로 뛰면서 말을 줄여야 자녀에게 결정타를 날릴 수 있다. 결정적인 시기에 휘두른 한 방이 통할 때 자녀가 맹자처럼 크게 자란다.


맹모는 스스로 좋은 환경이 되었으며, 훌륭한 스승에게 자녀를 맡겼다. 그녀는 남편을 일찍 잃고 베를 짜서 맹자를 교육했다. 서당 옆으로 이사한 뒤에도 맹자가 공부를 안 하고 방황하자 맹자에게 극약 처방을 내렸다. 맹자가 서당에서 공부를 그만두고 집으로 돌아왔을 때 그녀는 짜던 베를 자르며 말했다.

"힘들지? 그러나 베를 한 올씩 짜듯이 학문도 한 자씩 쌓아야 하는 거야. 배우다가 그만두면 잘려 나간 베처럼 지금까지 익힌 공부도 쓸모가 없어."

그는 맹자에게 공부의 핵심을 한마디로 찔렀다. 서당에 다닌 적은 없지만 공부도 베 짜기처럼 꾸준히 해야 한다는 사실을 알았다. 학습 동기를 부여할 줄 알았기에 그녀는 그때 그 자리에서 자녀를 일격에 쓰러뜨렸다.

맹자의 최고 환경은 맹모요, 서당이나 선생은 그다음이다. 맹모는 평범한 일을 하는 과부였으나 아들에게는 최초이자 최고의 스승이었다. 정규교육을 받지 못했지만 하는 일을 통해 자녀를 가르쳤다. 맹모가 적기에 적절한 학습 동기를 부여한 덕분에 맹자는 죽을 때까지 학문에 정진했다.

공부가 특혜이던 시절에도 아이들은 공부를 싫어했다. 학문으로 대성한 맹자마저 어머니에게 자극을 받은 뒤에 공부에 매진했다. 맹모는 아들에게 공부해야 살아남는다는 사실을 일깨워주었다. 목표를 달성하려면 위기를 극복하며 나아가야 한다고 말했다. 공부에서 시작보다 지속이 중요하다는 사실을 손해를 감수하며 알려주었다. 자기 일보다 자녀 교육을 중시했기 때문이다.

엄마의 훈계에 충격을 받은 데다 묘지와 시장에서 공부의 바탕을 다진 터라 맹자는 공부의 신이 되었다. 다양한 환경에서 여러 사람에게 교육을 받은 뒤에 그는 열심히 공부했다. 맹모는 방황하던 자녀를 서당으로 돌려보냈다. 자신이 가르칠 수 없을뿐더러 좋은 선생 아래서 친구와 더불어 공부하는 게 효율적이라고 보았기 때문이다. 훌륭한 엄마를 만났기에 맹자는 숱한 고난을 딛고 위대한 학자가 되었다.

맹모는 자녀에게 학습 동기를 부여했을 뿐이요, 공부는 맹자가 했다. 서울대 신입생들은 서울대 합격 요인의 70퍼센트는 자신에게, 그

20퍼센트는 부모에게 있다고 했다. 교사와 운이 각각 그 3퍼센트를 차지하고, 기타가 그 4퍼센트라고 했다. 자기 편향적인 측면이 있으나 수긍할 만하다. 엄마가 교육 환경을 마련할 수 있어도 공부는 결국 자녀가 해야 하기 때문이다.

고수는 자녀를 슬기롭게 자극하여 자녀가 스스로 공부하도록 한다. 자녀가 공부에 열중하면 맹모처럼 자녀 뒤에 숨어 이름 없는 여자로 지낸다. 다른 엄마에게는 자녀를 도와주었을 뿐 공부는 자식이 했다고 말한다.

오늘날 엄마들은 자녀가 공부하기 싫다고 하는 말을 맹모보다 훨씬 많이 듣는다. 그때마다 맹모의 전략을 활용하지만 효과를 못 본다. 맹모의 전법을 현실에 맞게 변용하지 못하기 때문이다. 과거의 사례는 현재 상황에 맞게 바꾸어 사용해야 효과를 본다. 모범을 보이며 과거 사례를 제대로 원용할 때 자녀가 엄마 전략을 따른다.

맹모는 묘지와 시장을 거쳐 서당으로 이사했다. 주위 환경을 바꾸려고 하기보다 자녀가 공부하기 좋은 곳으로 떠났다. 고수는 스스로 좋은 환경이 되는 동시에 자녀가 자라기 알맞은 데로 간다. 자녀를 다양한 환경에 노출시켜 학습능력과 적응능력을 함양한다. 어떤 조건에 처하든 자녀가 자랄 수 있는 길을 찾는다. 일하면서 자녀와 더불어 개천에서 용틀임을 한다. 힘들어도 자녀에게 좋다면 조건을 바꿔준다. 그 자녀는 부채의식을 갖고 공부하여 용이 된다. 이른바 개천에서 난 용이다.

서울대 신입생의 어머니 가운데 대졸자는 50퍼센트 안팎이다. 이는 동년배 엄마 대졸자 평균의 4배쯤이다. 공부해본 엄마가 자녀를 제대로 자극한다는 말이다. 엄마가 공부와 사업을 아울러 잘하면 자녀가 거인으로 성장한다. 엄마가 유능해야 자녀도 크게 자란다는 말이다.

이원숙은 정명훈, 정경화, 정명화, 이른바 정트리오를 비롯해 7남매를 걸출하게 길렀다. 그는 1910년대에 태어나 이화여전을 나와 일하면서 자녀를 키웠다. 6·25전쟁 때 서울에서 부산으로 피난을 가면서도 피아노를 싣고 갈 정도였다. 그러나 피아노로 성공한 자녀는 하나도 없다. 그 자녀들은 엄마의 극성을 나름대로 풀어내어 성공했다. 그녀는 극성스런 엄마라고 자인했다. 그는 교직을 그만두고 음식점을 경영하여 성공했다. 안전한 자리를 떠나 치열한 시장에서 살아남았다. 그런 엄마를 보며 자녀들도 제 길을 닦았다. 자녀들이 엄마를 뛰어넘으려고 노력하는 동안 정상에 오른 것이다.

고수는 수없이 연습한 뒤에 자녀가 흔들 때를 노린다. 그 날이 오면 자녀를 일합에 날린다. 적시에 자녀의 급소를 찔러 새로운 사람으로 바꾼다. 그 고수가 바로 맹모요, 신사임당이다. 강남으로 이사하고 오죽헌에 간다고 하여 고수가 되는 게 아니다. 자녀가 아니라 자신을 바꿀 때 고수에 등극한다.

## 여러모로 자녀를 자극한다

고수는 한 방으로 만 방의 효과를 내는 데 견주어 하수는 만 방으로 한 방의 성과도 못 낸다. 하수는 말이 빠를 뿐 발은 느리다. 그가 공부타령을 하면 자녀는 '또 시작이군!' 하며 귀를 닫는다. 만 방을 허공에 휘두르는 셈이다. 사춘기에 이르러서는 맷집이 커져 엄마에게 덤비기도 한다. 엄마는 자녀를 제대로 못 키웠다고 자책한다. 그때는 손을 쓸 수 없어 우울증에 걸린다. 자업자득이라 하소연할 곳도 없다.

맹모가 날린 한 방의 효과는 만방에 퍼졌다. 그녀가 베를 잘라 놓고 자녀를 훈계했다는 소문이 바로 장안에 돌았다. 그 소식을 듣고 훈장은 '맹자를 잘못 가르쳤다가는 큰일 나겠구나!' 하며 맹자를 맹렬하게 가르쳤을 것이다. 그 친구들도 맹모가 무서워 맹자를 유혹하지 못했을 게 뻔하다. 엄마들은 "영자야, 맹자하고 놀지 마라!" 하고 자녀를 단속하지 않았을까? 당시에 만인의 심금을 울렸던 그 한 방이 수천 년이 지난 지금도 우리의 마음을 흔든다.

하수는 한 방으로 몇 방의 성과를 내는 일에 관심이 적다. 아들이 다니는 고등학교에서 학부모 총회를 열었을 때의 일이다. 학부모 총회와 담임교사 면담을 마친 뒤에 교사의 수업을 참관했다. 학부모가 300명쯤 모였는데 수업을 지켜본 학부모는 10명 안팎이었다. 아들이 초등학교 1학년일 때는 한 반에 수십 명의 엄마들이 교사의 수업을 지켜보았다. 십 년이 지나 아이에게 기대를 접어서 그랬을까? 교사 평가제를 놓고 의견이 들끓던 무렵에 그런 엄마들을 바라보니 참 씁쓸했다.

학부모가 교사의 수업에 관심을 가지면 교사는 수업을 잘하려고 노력한다. 교사가 실력과 열정을 갖추는 만큼 학교의 수준이 올라간다. 학교의 품질이 좋아지면 학생에게 이롭다. 수업 참관은 교사와 자녀를 한꺼번에 자극하는 길이다. 교사와 자녀가 싫어해도 고수가 되려면 마땅히 해야 할 일이다. 내가 교사의 수업을 참관하는 동안 내 아들은 고개를 들지 못했다. 아들보다 교사는 더 떨었다. 학생들이 보기에도 교사가 당황하는 낌새가 보였는지 "선생님, 떨지 마세요!" 하고 외칠 정도였다. 나 혼자 교사의 수업을 지켜보았는데 그렇다. 한 사람이 자녀와 교사는 물론 다른 학생까지 자극한 셈이다.

교사는 수업을 참관하는 부모를 불편하게 생각할지 모른다. 그러나 나는 수업 참관이 여러모로 유용하다고 보아 끝까지 자리를 지켰다. 수업 참관은 감시가 아니라 자극이다. 교사들이 못마땅하게 생각해도 하면 좋은 일이다. 자녀가 초등학교에 다닐 때보다 고등학교에 재학할 시기에 교사 수업에 더 관심을 가져야 한다. 교사의 말 한마디에 자녀의 대입이 갈릴 수 있기 때문이다.

나는 학교에서 청일점으로 엄마들과 더불어 여러 활동을 했다. 두 아들이 고등학교를 졸업할 때까지 내가 주로 학교행사에 참여했다. 학원을 운영하다 보니 낮에 시간이 날뿐더러 자녀 교육에 관심이 많았기 때문이다. 나는 학교운영위원회에도 여러 차례 참여하여 엄마들을 옆에서 살펴볼 수 있었다. 학교와 학원에서 만난 엄마는 딴판이었다. 학교에서는 조심하던 엄마들이 학원에서는 당당했다. 엄마들은 학원에서 그 민낯을 드러냈다. 강사의 출신 대학을 묻고 그동안 무슨 성과를 냈는지 물었다. 내가 학교에 근무할 때는 그런 엄마를 만난 적이 없었다. 학교에서는 수업 참관도 안 하던 엄마들이 학원에 와서는 수업방식에 관여하기도 했다.

엄마들은 제 새끼에 초점을 맞추어 현실을 파악한다. 그나마 학년이 시작할 무렵에 담임교사에게 자녀가 어떠냐고 묻는다. 주체적으로 자녀를 판단하지 못하니까 교사에게 자녀에 대해 물어본다. 아는 바가 적다 보니 교사는 얼버무린다. 그런 상황을 보며 엄마는 직관력을 발휘하여 교사를 판단한다. 학교에서 나와 학부모끼리 모이면 바로 교사를 놓고 이야기한다. 아이가 담임이 까다롭다고 하는데 만나 보니 우리 애 말이 맞는다고 말한다. 다른 엄마가 맞장구를 치면 자기 생각을 확신한다. 교사 면전에서와는 또 다른 가면을 쓰고 교사의 흉을 본다. 학년이 바뀌면 바로 아이에게 "이번 담임선생은 어떠니?" 하고 물은 뒤 아이 말을 듣고 교사를 평가한다. 몇 다리 건너서 들은 소문을 주고받으며 교사에게 어떻게 대응할까 궁리한다.

그런 엄마를 보고 아이도 단편적인 모습을 보고 사람을 판단하게 된다. 첫인상을 중시하여 한번 내린 판단은 바꾸지 않는다. 자신의 언행을 합리화하는 능력을 길러 엄마의 잔소리를 적게 들으려고 잔머리를 굴린다.

엄마가 자녀의 말을 맹신하면 문제가 된다. 아이는 제 살 길을 찾으려고 거짓말을 하는 수도 있기 때문이다. 엄마가 상황을 똑바로 보지 못하면 자녀의 거짓말에 속는다. 자녀의 말만 듣고 교사를 오해하여 문제가 생기는 수도 있다.

맹모는 맹자가 서당에서 돌아왔을 때 훈장에게 어떻게 된 일이냐고 묻지 않았다. 자녀가 서당생활에 적응하지 못했다고 보았기 때문이다. 자녀를 정확하게 알았기에 그 급소를 단칼에 찔러 만 방의 효과를 보았다. 훈장이 아니라 자신이 교육의 주체가 되어 자녀를 한 방에 보냈다. 그 일격으로 훈장은 물론 그 친구와 엄마까지 쓰러뜨렸다. 고수는 자녀뿐만 아니라 그 주변 사람도 우군으로 만들어 모두가 자녀를 돕도록 한다.

하수는 자녀를 둘러싼 사람들을 적으로 만든다. 수업시간에 교사에게 전화를 한다. 자녀의 말만 믿고 전화로 항의하면 교사는 황당하다. 아침에 그런 전화를 받고 나면 종일 수업에 집중하지 못한다. 그 때문에 다른 학생까지 피해를 본다. 학원에서는 그런 엄마를 학교에서보다 훨씬 많이 만난다. 학원은 엄마가 선택할 수 있다 보니 하수는 강사를 함부로 대한다. 더러는 심야에 전화하여 말도 안 되는 요구를 한다. 그런 엄마는 자녀의 길을 막는 데 그치지 않고 선생과 다른 학생에게도 피해를 준다. 그 또한 스스로는 괜찮은 엄마라고 생각한다. 다른 사람이 그 사실을 지적하기 어려우니 좋은 엄마인 줄 알고 살아간다. 진상 엄마들이 늘어날수록 세상이 시끄러워진다. 그 자녀들이 남에게 피해를 주고도 뻔뻔하게 굴기 때문이다.

고수는 결정적인 시기에 자녀에게 한 방을 날린다. 자신을 끊임없이 갈고닦아 자녀가 방황할 때 일격을 가한다. 고수는 한 방을 목숨처럼 아낀다. 한 방에 삶을 실어 자녀의 인생을 바꾸려고 하기 때문이다. 한 방에 사랑을 담기 때문에 자녀는 맞아도 반발하지 않는다. 그녀는 아이를 처음 보았을 때 다짐한 마음을 죽도록 지키려고 애쓴다. 그 마음을 자녀가 아는지라 치명타를 맞고도 열심히 살아간다.

# 두 마리 토끼를 잡는다

## 일하면서 자녀를 키운다

부산경찰청장을 끝으로 공직에서 물러난 이금형은 여자로서 순경에서 시작하여 15만 경찰 가운데 2위인 치안정감이 되었다. 경찰청장 바로 다음인데 여성 치안정감은 경찰이 생긴 뒤로 그가 처음이다. 청주에서 대성여상을 나와 정말 대성했다. 경찰에 근무하며 동국대학원에서 박사학위도 취득했다. 그는 『공부하는 엄마의 시간은 거꾸로 간다』에서 공부가 성공비결이라고 했다. 그래서일까? 퇴직한 뒤에도 대학에서 학생을 가르친다.

그는 경찰역사에 신화를 쓰면서 세 딸을 대치동 맘 뺨치게 키웠다. 첫째는 고시에 합격하여 공직에 있고, 둘째는 카이스트를 나와 하버드

대 연구원이 되었으며, 막내는 치과 의사다. 엄마가 위대하면 자녀들은 거모巨母 콤플렉스를 앓기 쉽다. 거대한 모친의 아이로 불리는 바람에 자라지 못한다는 말이다. 엄마가 고수였기에 그 딸들은 거모 아래서 자랐으나 또 다른 거목이 되었다.

집안에서는 그 또한 며느리이자 엄마인지라 그는 시어머니와 딸에게 미안하다고 했다. 하지만 취업주부로서 미안하다고 하는 게 전업주부가 희생했다고 하는 말보다 낫다. 취업주부로서 전업주부보다 자녀를 잘 길렀으니 미안할 것 없다. 취업주부로서 열악한 환경을 헤치고 자신과 자녀를 우뚝 세웠다고 자랑해도 된다. 내조와 효도까지 잘했으니 만인에게 박수를 받을 만하다. 그 노고를 모르고 공로를 탐내니까 질투하는 것이다.


취업주부 중에 하수는 자녀들에게 미안하다고 하면서 돈으로 자녀의 환심을 사려고 한다. 자녀가 빗나가면 아빠에게 자녀 교육에 관심이 없다고 짜증을 부린다. 가족이 서로 갈등하니 가정이 썰렁해진다. 엄마가 자신을 비하하여 가정에 비극을 불러오는 것이다.

취업주부 가운데 고수는 직업과 육아를 병행하는 자신을 자식보다 사랑한다. 자녀도 엄마를 닮아 열심히 공부하니 가정도 화목해진다. 그녀는 자녀와 같이 있을 때 최선을 다하므로 자녀에 대해 미안한 마음을 갖지 않는다. 오히려 엄마와 떨어져 있는 동안 자녀가 자란다고 생각한다.

엄마가 일하면 자녀 교육에 여러모로 유리하다. 엄마가 공부하여 얻은 직업 자체가 자녀에게 좋은 학습 동기가 된다. 엄마가 여러 역할을 하니 자녀에게 총체적인 능력을 심어주기도 좋다. 모범을 보이면서 자녀에게 자율권을 주니까 자녀는 스스로 공부한다. 자녀 교육의 목표를 자립이라고 할 때 이보다 좋은 교육도 드물다.

자녀 교육 전선에서 전업주부가 취업주부를 따돌리는 수가 있다. 자녀가 학원을 오갈 때 운전 품앗이라도 하려면 전업주부끼리 어울리는 게 좋기 때문이다. 취업주부는 학교 행사에도 나가기 어려운데 전업주부끼리 정보를 주고받으면 불안하다. 교육현실을 몰라 자녀를 그르칠까 봐 고민한다.

그런 일로 걱정할 것 없다. 전업주부끼리 주고받는 정보라야 보잘것없다. 김미연 유진투자증권 연구원은 교육전문 애널리스트로서 『교육의 정석』을 써서 워킹맘들에게 대입정보를 제공했다. 그런 걸 가지고 왜 왕따를 당하느냐고 하면서 일하는 여자들에게 일을 그만두지 말라고 말한다. 그렇다. 여러 매체에서 정보를 얻을 수 있으니 관심을 기울이면 정보전에서도 취업주부가 전업주부를 압도할 수 있다.

상식과 달리 취업주부가 전업주부보다 자녀 교육을 잘한다. 하버드 경영대학원의 캐틀린 맥긴 교수 연구팀이 25개국 5만 명의 성인을 대상으로 실시한 연구에 따르면 취업주부의 자녀가 전업주부의 자녀보다 성취도가 더 높다. 한국처럼 보수적인 국가에서는 그 차이가 뚜렷하다.

전혜성은 미국 교육부가 동양인 가족 가운데 가장 성공적인 교육 사례로 뽑은 가정을 이끌었다. 한국계 미국인으로 가장 높은 자리인 미국 국무부 인권담당차관보에 오른 고홍주의 엄마다. 그는 6남매를 모두 미국 명문대에 보냈으며, 자신도 대학에서 연구하고 강의했다.

남편이 학문에 정진하도록 내조했으며 연구소를 차려 한국문화를 세계에 알렸다. 자녀들이 장성한 뒤에는 자녀교육서를 발간하여 그 교육 철학을 알려주기도 했다. 하수는 그가 잡은 토끼가 몇 마리인지 헤아리기도 벅찰 정도다.

사람들은 전업주부가 취업주부보다 자녀 교육을 잘하는 줄 안다. 전업주부들은 자녀 교육에서 존재 이유를 찾느라고 성과를 과장하는 반면 취업주부는 자녀를 돌보지 못했다고 생각하여 공로를 축소하기 때문이다. 자녀를 서울대에 보낸 엄마 가운데 전업주부와 취업주부의 비율이 6 대 4다. 전업주부가 취업주부보다 많으니 자녀 교육의 승자는 취업주부다. 열악한 조건에서 취업주부가 전업주부 못지않게 자녀를 잘 키웠으니 취업주부가 압승한 셈이다.

취업주부 가운데 교육계에 종사하는 엄마가 자녀를 좋은 대학에 많이 보낸다. 자녀를 서울대에 보낸 취업주부 셋 가운데 하나가 교사다. 다른 직업에 종사하는 엄마에 견주어 그 비율이 매우 높다. 교사 엄마는 공부를 잘한 데다 교육이 직업이다 보니 자녀도 잘 가르친다. 그녀는 좋은 정보를 잘 고를뿐더러 자녀와 생활 주기가 비슷하여 자녀 교육을 하는 데 유리하다. 자녀가 영상에 빠지는 것을 막기 쉽고, 방학 때 자녀의 취약과목을 보강하기 좋다. 아울러 자녀와 함께 여행하면서 견문을 넓히고 소통하기도 좋다.

일하는 엄마를 보고 자란 자녀들은 사회성도 강하다. 취업주부는 가정과 직장에서 자기 역할을 수행하는 모습을 자녀에게 보여주는 까닭이다. 그는 여성에 대한 고정관념을 깨기 때문에 자녀들도 도전적으로 살게 된다. 경제적으로 여유가 있어 자신의 교육 철학에 맞게 자녀를 가르칠 수 있다. 자녀와 여러모로 거리를 두니 모자일체母子一體 현상도 일어나지 않는다. 교육은 분리훈련이요, 독립운동이니 자녀에게 살아 있는 교육을 하는 셈이다.

흔히 3세 이전에는 엄마가 키워야 좋다고 한다. 엄마와 애착을 바람직하게 형성해야 아이가 공부를 잘한다는 것이다. 취업주부는 싫어하고 전업주부는 좋아하는 말이다. 슬프게도 전업주부가 자녀에게 집착하여 애착 관계를 망치는 수가 많다. 반면에 취업주부로서 자녀와 애착 관계를 끈끈하게 맺은 경우가 흔하다. 애착 결핍을 염려하는 터라 자녀와 떨어져 있는 동안 아이를 그리워하다 만나서 자녀와 친하게 지내기 때문이다. 엄마와 자녀의 애착 관계는 양이 아니라 질에 따라 달라진다. 육아 휴직을 활용할 수 있는 직장이 늘어나 취업주부가 초기 애착을 걱정할 일이 갈수록 줄어든다.

더구나 일하는 엄마가 아이를 호랑이로 길러낸다. 일하는 동안 아이에게 본성을 살릴 기회를 주는 셈이기 때문이다. 전업주부는 아이를 호랑이로 키우려고 하다 고양이를 만들기 일쑤다. 자녀를 따라다니며 걸음까지 간섭하니 호랑이가 제대로 걷지도 못하는 것이다.

육아 때문에 직장을 떠난 여성의 십중팔구가 퇴사를 후회한다. 일하면서 자녀를 잘 키우는 사례가 많은 까닭이다. 아이가 학교에 들어가면 엄마가 할 일은 줄어드는 데 비해 교육비는 늘어난다. 몇 해만 고생하면 자녀도 일하는 엄마를 보며 열심히 공부하게 된다. 엄마가 직장에 다니면 자녀에게 진로를 보여주는 셈이니 자녀가 성공할 확률이 커진다.

여자의 생애주기를 보아도 취업주부가 전업주부보다 낫다. 일하지 않고 남편과 자녀를 보고 사는 것은 인생 낭비다. 무엇보다 엄마가 밥벌이를 하면 부부의 노후가 안전하다. 노인들은 이렇게 오래 살 줄 알았으면 젊을 때 열심히 일해 자녀를 잘 가르쳤을 것이라고 후회한다. 젊을 때 일하면서 자녀를 훌륭하게 가르친 친구들이 노후를 여유롭게 보내는 게 부러워서 하는 말이다. 자녀를 대여섯 명씩 길러낸 전업주부 출신이 그런 후회를 많이 한다. 등뼈가 휘도록 집에서 자식만 바라보며 열심히 가르쳤는데 수중에 들어오는 게 없기 때문이다.

견우직녀라는 말에서 보듯이 자고로 남자는 밖에서 소를 몰았고, 여자는 집에서 베를 짰다. 남자는 직업, 여자는 교육이란 구도는 최근에 생겼다. 유한부인이 가사의 중요성을 내세우며 전업주부라는 말을 만들었다. 전업주부는 존재 이유를 드러내느라고 자신을 과장한다. 취업주부는 그 말을 듣고 그들을 부러워한다. 그러나 여러 연구를 보면 전업주부가 취업주부보다 더 고민한다. 자녀와 아빠는 물론 자신에 대해 걱정하기 때문이다. 가사는 줄고 교육은 밖에서 하니 그들은 마음이 초조하다. 그래도 일하지 않고 그 고통을 참는다. 사람은 본래 쾌락을 좋아하고 고통을 싫어하기 때문이다. 일하지 않고 사는 게 미안하여 힘들다고 외치지만 속으로는 불안하기 그지없다.

이제 세상은 취업주부를 중심으로 돌아간다. 전업주부가 취업주부를 부러워한다. 사람들이 일하는 엄마를 능력가로 보기 때문이다. 여고생에게 직업과 결혼의 경중을 물으면 거의 모두 직업을 중시한다. 요즘은 자녀가 한둘인 데다 교육을 밖에서 하니 전업주부가 하는 일이 적다. 그럴수록 전업주부는 자녀 교육에 부담을 크게 느낀다. 때문에 자녀를 압박하는데 그러다 자녀 교육에 실패하기 십상이다.

## 일을 통해 자녀를 가르친다

서울대를 졸업한 전업주부를 한 방에 보내는 말이 무엇일까? 정답은 "집에서 애나 보려고 서울대 다녔나?"이다. 세상은 물론 자신도 양육보다 직업을 중시하기 때문에 그 말을 들으면 쓰러진다. 그는 자신감이 넘치지만 사람들의 기대가 높은 데다 자녀 교육은 수십 년이 걸리는 터라 스트레스를 많이 받는다. 자녀를 교육할 때 경험을 고집하다 일이 커진 뒤에 허둥대기 일쑤다. 서울대 간판이 자녀를 교육하는 데 걸림돌도 된다는 말이다.

출신 대학을 떠나 전업주부의 최대 고민은 자녀 교육이다. 자녀 교육의 책임을 혼자 져야 하기 때문이다. 전업주부가 자녀 교육을 잘하려고 자녀에게 공부를 강요하다 자녀를 망치는 수가 많다. 감정의 기복이 심하고 교육 철학이 빈곤한 사람은 스치는 말에도 흔들린다. 남의 말에 휘둘려 자녀에게 이랬다저랬다 하면 자녀는 엄마의 말을 듣지 않는다. 엄마를 믿을 수 없기 때문이다.

취업주부는 엄마로서 부족하다고 생각하고 집에 와서 책만 보아도 고수가 된다. 그러면 자녀는 엄마를 따라 공부한다. 자녀가 자발적으로 공부하니 갈수록 성적이 오른다. 세상이 간판보다 직장을 중시하여 취업주부는 전업주부보다 자신감이 넘친다. 취업주부는 직장에서 교육 정보를 얻을뿐더러 경제적으로 여유로운지라 자녀에게 좋은 교육 서비스를 제공한다. 자녀 교육에서 부모의 학력보다 금력이 영향을 크게 미치므로 취업주부가 전업주부보다 자녀 교육을 잘한다. 전업주부는 아이를 붙잡으려고 하는 데 견주어 취업주부는 자녀를 놓아주려고 한다. 자립이 자녀 교육의 최대 목표인지라 취업주부의 전략이 교육적으로 우수하다.

전업주부는 남편과 시집에서 인정받으려고 자녀 교육에 목을 맨다. 그 길이 전업주부가 성공하는 유일한 통로인 까닭이다. 때문에 자녀를 보면 공부 노래를 부른다. 자녀에게 공부하라고 잔소리를 할수록 자녀는 공부에서 멀어진다. 자녀는 엄마의 행동을 보고 공부하기 때문이다. 취업주부는 말 대신 일로 가르치니 자녀가 갈수록 공부를 잘한다. 평생 학습 시대를 맞이하여 취업주부의 자녀가 사회에서도 성공한다.

전업주부는 자녀 교육이 직업인지라 자녀의 점수를 자기 성적처럼 생각한다. 그래서 자녀가 시험을 못 보면 자기가 자녀 교육을 잘못했다고 생각한다. 시험을 볼 때마다 성적에 민감하니 자녀가 멀리 보고 공부하지 못한다. 자녀는 성적과 엄마의 반응에 신경을 쓰느라고 공부에 집중하지 못한다. 성적이 떨어지면 엄마는 자녀를 학원에 보내는데 공부할 마음이 없으니 성적이 오르지 않는다. 사춘기에 접어들어 엄마와 갈등하다 보면 자녀는 공부와 담을 쌓는다.

취업주부는 자녀가 학교에서 돌아와 혼자 문을 열고 들어가는 것을 안타깝게 생각한다. 그러나 어릴 때 엄마가 없는 집으로 혼자 들어가도 괜찮다. 안쓰러우나 그 또한 좋은 교육이다. 그렇게 자란 자녀는 담대하고 독립성이 강하다. 엄마가 퇴근하여 자녀의 일상을 점검하면 자녀가 바람직하게 자란다. 나도 맞벌이하면서 두 아들이 열쇠를 갖고 학교에 다니도록 했다. 당시에는 불안했으나 그 덕분에 아들은 대범하게 자랐다. 지금은 대학생이 되어 집을 떠나 서울에서 자취하는데 별로 걱정하지 않는다. 집에서 혼자 사는 연습을 많이 했기 때문이다.

　나는 시골에서 학교에 다니며 부모의 농사를 도왔다. 어머니가 공부하라고 말한 적은 없으나, 나는 어머니가 일하는 모습을 보고 공부했다. 나는 지금도 어머니가 일한 것처럼 열심히 공부하려고 한다. 부모와 함께 일하면서 공부가 가장 쉽다는 사실을 일찍이 깨달았기 때문이다.

　고수는 자녀를 보며 일하고, 자녀는 엄마를 따라 공부한다. 고수는 남들이 천하게 여기는 일도 귀하게 수행한다.


　전라남도 신안군 도초도에 '떡 방앗간 신사임당'으로 불리는 엄마가 있다. 황강순이 그 주인공인데 고등학교를 나와 작은 섬에서 떡 방앗간을 운영하며 다섯 남매를 키웠다. 사교육을 하기 힘든 곳에서 사랑과 희생으로 자녀를 돌보아 자녀들을 서울대, 의대, 교대 등에 보냈다. 그는 환경을 탓하지 않고 지금 여기에서 직업과 교육을 병행했다. 그가 자녀 교육의 핵심으로 활용한 작업은 '독서지도'다. 독서를 바탕으로 삼아 열악한 환경에서 취업주부로서 고수가 되었다. 백과사전을 혼수품 1호로 여길 정도로 그는 책을 사랑했다. 독서의 효용을 아는지라 일을 마치면 자녀에게 책을 읽어주곤 했다. 엄마를 닮으려고 그 자녀들은 열심히 공부했다. 독서로 공부의 바탕을 다진 터라 그 자녀들은 클수록 공부를 잘했다.

　환경이 중요하다는 사실을 알았기에 그도 남들처럼 자녀를 도시에서 가르치고 싶었다. 자녀가 자라자 고민하던 끝에 목포로 나가 자녀와 함께 살았다. 그러나 그는 자녀를 도시에서 가르칠 팔자가 아니었다. 시어머니가 중풍으로 쓰러지는 바람에 1년 만에 자녀와 함께 섬으로 돌아와야 했다. 그는 하늘을 탓하지 않고 다시 섬에서 일하면서 자녀를 길렀다. 힘들게 일하면서도 백과사전이 닳도록 공부한 덕분에 자녀와 함께 꿈을 이루었다.

그는 아무리 피곤해도 TV 대신 책을 보았다. 낮에 일하고 밤에 책을 보는 엄마를 보고 아이들도 열심히 공부했다.

방앗간을 운영하여 먹고사는 일이나 공부를 잘해 성공하는 길은 같다. 둘 다 가꾼 대로 거두기 때문이다.


나의 어머니는 농부요, 애 엄마는 교사다. 그렇다고 취업주부를 편드는 것은 아니다. 취업주부로서 불리한 환경에서 자녀를 잘 키운 엄마를 드러냈을 뿐이다. 취업이나 전업을 떠나 고수는 자녀에게 극성을 떤다. 교육원리를 알고 슬기롭게 자녀를 돌본다. 교육을 장거리 경주로 보고 자녀의 재능을 꾸준히 기른다.

전업주부 가운데 하수는 자녀를 따라다니며 감시한다. 한 엄마는 교직을 그만두고 전업주부가 되어 자녀의 성적을 끌어올리려고 자녀를 이리저리 끌고 다녔다. 학교간부를 만들려고 설쳤으나 자녀는 오히려 왕따가 되었다. 시험을 볼 때마다 끼고 가르쳤는데 성적은 점차 떨어졌다. 간섭을 줄여야 할 사춘기에 전업주부가 되어 자녀를 바꾸려고 하다 자녀 교육에 실패했다. 교직에 종사했는데도 자녀의 심리와 교육의 원리를 모르는 것 같았다. 다른 아이를 가르칠 때보다 욕심을 앞세우다 그것을 잊었는지 모른다. 직장을 떠나 전업주부가 되어 자녀 교육을 잘하려고 하다 아이를 바라는 대학에 보내지 못했다.

개천에서 난 용 뒤에는 슬기로운 엄마가 있다. 자녀는 엄마가 힘들게 자신을 뒷바라지하는 줄 알면 열심히 공부한다. 모범을 능가하는 교육은 없다. 취업주부 가운데 고수야말로 교육과 직업에서 실력을 발휘한다. 목표가 뚜렷한지라 두 마리 토끼를 한꺼번에 잡는다. 말을 줄이고 발을 넓히는 만큼 교육성과를 낸다.

전업주부라는 말은 인류사에서 찾을 수 없다. 점도 안 되기 때문이다. 그 말은 최근에 일하지 않는 엄마들이 자기 존재감을 드러내려고 만들었다. 역사적으로 엄마들은 모두 취업주부였다. 바늘구멍으로 세상을 보고 전업주부가 정상이고 취업주부를 별종처럼 이야기하는 것은 잘못이다. 따라서 취업주부로서 자녀 교육을 한다고 설칠 일이 아니다. 자기가 세상에서 가장 힘든 줄 알지만 지구에 태어난 엄마들은 모두 그렇게 살았다. 맞벌이로서 아내가 전쟁 같이 사는 것을 오래 지켜보았으나 현실을 냉정하게 직시하고 하는 말이다. 그런 점에서 전업주부로서 자신을 내세우며 과잉 행동을 보이는 것은 여러모로 바람직하지 않다. 무엇보다 자녀 교육에 치명적이다.

고수는 현실을 넓고 깊게 보면서 말이 아니라 발로 자녀를 가르친다. 집에서 살아도 세상을 두루 살피면서 자녀와 함께 자란다. 지구촌 시대와 평생학습 시대에 어울리게 살면서 자녀와 상생한다.

# 대치동 맘과 대치한다

## 대치동 맘을 따돌린다

대치동의 교육 환경이 좋은지는 누구나 알지만 아무나 그곳에 갈 수는 없다. 아이가 졸라도 부모 형편이 안 되면 가지 못한다. 대치동은 대한민국의 교육 일번지다. 대치동에서 전문직 아빠와 사는 엄마를 한국형 맹모라 할 만하다. 그들은 자녀에게 모범을 보일 뿐만 아니라 자녀에게 좋은 교육 환경을 제공한다. 그 가운데 전업주부에게는 자녀 교육이 직업이다. 그들은 자녀를 특목고와 자사고를 거쳐 명문대에 보내려 한다. 조기 교육과 선행 학습을 중시하여 자녀에게 사교육을 많이 시킨다. 그 자녀들이 명문대에 많이 가므로 다른 엄마들도 대치동 맘을 선망한다.

지방에서 논술학원을 운영하면서 대치동 스타일을 많이 보았다. 그 대부분은 든든한 아빠를 두었다. 그들은 끼리끼리 어울리며, 자녀도 비슷한 부류와 놀게 한다. 그 가운데서도 교육 원리를 소홀히 하는 사람은 자녀 교육에 실패한다. 반대로 아빠가 시원찮아도 엄마가 슬기로우면 자녀의 꿈을 이룬다. 자녀 교육은 종합 예술이므로 엄마가 여러 요소를 융합할 줄 알아야 성공한다.

대치동 맘도 자녀 교육에 실패하는 수가 많다. 대치동 맘은 자녀를 '대치동 부스'에 넣어 이리저리 데리고 다닌다. 그 약발이 대학에 가면 떨어져 그 자녀는 대학에서 헤맨다. 대치동 하수는 아이를 망친다. 자녀의 학습능력을 조기에 소진시키기 때문이다.

교육은 땅이 아니라 사람이 한다. 물론 여건이 되면 대치동으로 가는 게 자녀 교육에 유리하다. 교육 환경이 좋으면 자녀를 효율적으로 교육할 수 있기 때문이다. 1986년 내가 처음 교사로 근무한 전북 용담중학교에서 만난 엄마 가운데는 자녀를 고등학교에 보내지 못하는 경우가 흔했다. 그들은 대치동을 몰랐으며, 자녀를 대전에 있는 고등학교에 보내는 엄마를 부러워했다. 그곳은 충남 금산과 가까웠는데 자녀를 금산에 있는 고등학교에 보내면 양호한 상황이었다. 여학생은 절반 이상을 산업체고등학교에 보냈기 때문이다.

지금도 대치동에서 전세살이를 하는 엄마 이른바 '대전 블루스'만해도 막강하다. 그들 또한 대치동에 사는 부르주아이기 때문이다. 그들은 자녀 교육을 잘하려고 대치동에 전세로 들어간다. 대치동 전세금이 하늘로 치솟아도 놀라지 않는다. 교육에서 환경이 중요한지라 그들은 조건만 맞으면 언제 어디서든 대전 블루스를 추려고 한다. 1학군은 몰라도 8학군은 아는지라 엄마들은 대치동에서 전세살이라도 하는 엄마를 부러워한다.

대치동 밖에 사는 엄마라면 대치동 맘을 알고 그들과 다른 전략을 펴야 자녀 교육에서 성공한다. 대치동 맘은 대졸자가 반을 넘는다. 이는 서울 평균의 세 배쯤이다. 다른 지역에 사는 엄마로서 금력과 학력에서 대치동 맘에게 뒤진다면 총력으로 그들과 겨뤄야 한다. 총력이 대치동 맘과 비슷하면 그들과 대치할 만하다. 대치동 밖에 산다면 대치동 맘보다 마음을 독하게 먹어야 그들과 겨룰 수 있다. 그만큼 대치동에 살지 않는 엄마의 어깨가 무겁다.

금력과 학력이 빼어난 대치동 맘이 자녀 교육에 대한 실력과 태도에서도 다른 곳에 사는 엄마보다 뛰어난 경우가 많다. 하수는 다른 곳에 살면서 아빠를 무시하여 자녀 교육의 총력을 떨어뜨린다. 그럴수록 대치동 맘에게 자녀 교육에서 밀리게 된다.

비대치동 고수는 실력을 길러 자녀를 대치동 맘 못지않게 키운다. 엄마도 환경의 지배를 받는 터라 지방에서 그런 고수가 되기 힘들다. 지방에서 학원을 운영하면서 답답할 때가 많았다. 교육 제도에 따라 엄마가 변해야 하는데 수능 시대에 학력고사 시대처럼 사는 엄마가 허다했기 때문이다. 엄마들에게 새로운 제도에 부응하라고 조언하면 자신을 무시한다고 생각한다. 열등감이 있는 데다 변화를 싫어하여 대치동 맘을 닮으라고 하면 "너는 지방에 안 사냐?"고 응수했다. 대치동 맘과 겨루기보다 옆집 아줌마와 어울리며 살았다. 제도가 대치동 맘을 싸고도는데 엄마조차 경쟁력이 떨어지니 지방 학생들이 대입에서 손해를 보았다. 우습게도 자기는 변하지 않으면서 자녀가 바뀌어 좋은 대학에 들어가기를 바란다. 자녀 덕분에 고수가 되려는 심보다. 미안하게도 자녀는 엄마를 뛰어넘지 못한다. 자녀는 엄마만큼 자라는 까닭이다.

대치동 맘은 대입 제도가 변할 때마다 맹위를 떨친다. 그들은 변화를 감지하고 대입을 미리 준비한다. 자녀 교육을 하면서 얻은 경험과 지식을 책으로 발간하기도 한다. 그에 견주어 지방 엄마는 전의를 상실한 경우가 많다. 금력과 학력이 없어 자녀를 도울 수 없다고 한탄한다. 신문만 보아도 대입 전형을 아는데 그나마 안 하고 드라마에 빠져 산다. 지방 엄마 가운데 대치동 맘을 닮으려는 사람이 있지만 그들도 구체적인 노력은 안 한다. 대치동 맘이 저술한 책에서 정보를 얻을 수 있는데 그런 책이 있는지도 모른다.

고수는 대치동 맘에게 얻은 정보를 자기 현실에 맞게 바꾸어 받아들인다. 대치동 맘의 실력을 인정하고 그들에게 정보를 얻는다. 정보는 강자가 만들어 끼리끼리 주고받는다는 사실을 아는 까닭이다. 그는 적에게 얻은 정보를 알맞게 가공하여 자녀에게 제공한다.

대치동 맘이 가진 정보도 사실은 별로 쓸모가 없다. 자기 위상을 높이려고 정보를 멋지게 포장하지만 들어보면 보잘것없다. 그들은 정보망을 동원하여 수능 문제를 출제하러 들어간 교수를 알아낸다. 하지만 수능에서 출제 교수 한 사람의 영향력은 미약하다. 출제에 들어간 교수의 전공을 보고 판소리가 수능에 나올 확률이 높다고 하는 것은 정보도 아니다. 판소리는 방대할뿐더러 수능에 자주 나오기 때문이다. 그런 정보를 얻는 시간에 신문이라도 읽어 안목을 기르는 편이 더 효율적이다. 그러면 자녀에게 제대로 조언할 수 있기 때문이다.

승리는 정보가 아니라 실력에 매달린 학생이 거머쥔다. 지금은 매체가 발달하여 정보 격차가 크지 않다. 대치동 맘의 정보 장악력도 이전보다 많이 줄어 지방에서도 정보전에서는 그들과 맞짱을 뜰 만하다. 더구나 정보를 얻으면 마음이 든든하나 기본을 무시하기 쉽다. 믿는 구석이 없을 때 제대로 공부한다. 자신의 실력밖에 믿을 게 없는 까닭이다. 정보에 매달리는 전략보다 실력을 쌓는 일이 더 효율적이다.

고수는 정보를 수집하고 분석하여 그 진수를 자녀에게 제공한다. 정보는 참고할 뿐 거기에 기대지 않는다. 어디에 살든 대치동 맘과 대치한다는 자세로 자녀 교육에 임한다. 그런 자세를 유지하며 자신이 처한 환경에서 교육 현실에 알맞게 자녀를 가르친다.

## 이길 만한 싸움에 나선다

영순이는 지방에 산다. 지방에서는 자녀를 좋은 대학에 보내기 힘들다고 생각하여 대치동 친구에게 수시로 자녀 교육에 대해 상의한다. 친구가 대치동에서는 고등학생들이 전문학원에 다니며 수시를 준비한다고 하자 그는 그대로 따랐다. 아들을 설득해서 수시에 집중하도록 했다. 아들을 전문학원에 보내 논술과 면접을 가르쳤는데 아들이 그것을 감당하지 못하는 바람에 수학 점수가 하락했다. 남편의 만류를 무릅쓰고 한 일이 뜻대로 되지 않자 어떻게 해야 할지 모른다. 자녀까지 반발하여 공부를 안 하니 대입에 실패할까 봐 제발 공부 좀 해달라고 애원한다. 자녀를 상전으로 모시고 살면서 불안에 떤다. 대입 전략이 생각처럼 돌아가지 않기 때문이다.

고수는 남에게 얻은 정보를 자녀와 현실을 고려하여 활용한다. 자녀가 고등학생일 때는 그 성적에 맞는 전략을 권한다. 자녀에게 맞는 정보를 제공하려고 대입에 대해 공부한다. 대입 전형을 꿰뚫고 있는지라 주요 전략이 통하지 않으면 다음 대안을 내놓는다.

자녀 교육은 자녀의 상황에 부모가 적절하게 대응하는 일이다. 엄마가 입수한 정보를 자녀에게 알맞게 활용할 때 그 효과가 난다. 대치동 친구가 알려주는 정보도 자녀에게 맞게 사용해야 효과를 본다. 자녀에게 적절한 대입전략은 따로 있기 때문이다. 고수는 지방의 강점을 살리고 서울의 정보를 비판적으로 수용한다. 자신이 사는 곳의 강점을 살리고 단점은 메워 대입 전선에서 승리한다.

지방에서는 특별전형은 피하는 게 좋다. 언론은 그런 전형을 통해 대학에 들어간 지방 학생을 요란하게 보도한다. 고수는 그런 소식을 접하면 그만큼 지방에서 특별전형으로 대학에 들어가기 힘들다고 여긴다. 그는 전문가가 제공하는 정보도 비판적으로 수용한다. 자녀의 현실을 감안하여 자녀가 같은 조건에서 다른 학생을 이길 만한 전형 방법을 찾는다.

입학사정관제는 수도권에 사는 학생에게 유리하다. 한순이는 농부의 딸로 혼자 영어를 공부했는데 토익 점수는 낮지만 공부 열의가 대단하다. 외교관을 꿈꾸며 영어 공부를 열심히 한다. 미돌이는 아빠가 교수인데 미국에서 중학교를 다녔다. 영어가 원어민 수준이지만 공부에 관심이 적다. 이때 입학사정관은 대체로 미돌이를 뽑는다. 현재 성적이 좋은 데다 그를 뽑는 것이 대학의 장래에도 유리하기 때문이다. 대학은 부모의 후원을 기대할 수 있으며, 그 학생이 성공할 가능성이 높다고 보는 까닭이다. 그래서 외국어고가 SKY(서울대·고려대·연세대) 신입생의 2할 정도를 차지한다. 입학사정관들이 수도권에 태어나서 자란 경우가 많아 지방 학생보다 수도권 학생을 선호한다. 면접은 사회문화적 영향이 지대한 전형인지라 한순이보다 미돌이가 합격할 확률이 높다.

일부 수시는 한마디에서 승패가 갈린다. 영어 면접에서 외국을 제 집처럼 드나든 학생이 시골에서 벗어난 적이 없는 학생을 압도한다. 열의나 가능성은 면접관이 알기 어렵다. 수시 가운데 국제나 글로벌이란 말이 붙은 전형은 서울 소재 외국어고생을 뽑는 도구라고 보면 된다. 서울에 있는 외국어고 학생의 반쯤이 수능 영어에서 1등급을 얻는다. 지방의 일반고는 1등급이 10퍼센트나 나올까? 당연히 지방에서 외국어 특기생을 노리면 승산이 낮다. 수도권 외국어고 영어과에 다니는 학생 가운데는 외국 생활을 경험한 경우가 절반을 넘는다. 수학은 머리로 할 수 있으나 영어는 돈으로 하는 공부다. 수학은 산골에서 해도 괜찮지만, 영어는 도시에서 해야 효율적이다.

기득권은 입학사정관제로 유력자를 확대 재생산한다. 유기홍 국회의원이 2013학년도 입학사정관제를 분석한 뒤에 '입학사정관제가 사실상 소득 수준이 높을수록 유리한 입학 창구로 변질됐음을 알 수 있다.'고 했다. 변질이 아니라 사람들이 입학사정관제는 부자사정관제가 되리라고 예상했다. 수시가 늘어나면서 좋은 대학에 들어가는 지방 학생이 크게 줄었다. 수능 점수가 같아도 SKY의 경우, 지방에서는 수도권의 반가량이 진학한다. 서울대가 지역균형선발에서도 수능 최저 기준을 높여 지방 학생들은 대개 그 전형에서 들러리를 선다. 기득권이 그 권한을 스스로 내려놓지 않을 테니 이런 현상은 앞으로도 이어질 것이다. 정부에서 제도를 바꾸기 바라기보다 엄마가 적절하게 대처하는 게 더 낫다.

입학사정관제는 지방과 빈자에게 불리하다. 그에 해당한다면 다른 전형을 찾는 게 좋다. 슬프게도 다른 길은 좁고 험하다. 약자가 교육을 통해 신분을 상승시킬 기회가 그만큼 줄어든 것이다.

대치동 사교육은 한국에서 최고 수준이다. 여건이 허락하면 그런 곳에서 자녀를 가르치면 좋다. 우수한 선생과 학생이 만나면 교육 효과가 크기 때문이다. 대치동은 사교육이 강해 교육 일번지가 되었다. 성향에 따라 일반고에서 공부하는 게 나은 수재도 있으나 대체로 수재끼리 모여서 공부하면 효율적이다. 때문에 강남에서 SKY 진학생의 절반 안팎을 점유하는 것이다. 성공은 만인을 모으고 실패는 고아를 낳는다. 자녀가 성공하면 엄마와 아빠는 물론 학교와 학원도 나서 공로를 내세운다. 그가 다닌 유치원에서 스쳐 간 교습소까지 공을 주장한다. 정작 강남 신화의 주인공은 외면한 채, 땅마저도 크게 재미를 본다. 대치동 전설은 거기에 모여 공부한 학생들이 썼다. 그들이 혼자 공부하지는 않았으나 여러 요소를 장악하고 주도적으로 공부하여 꿈을 이룬 것이다.

나는 지방에서 수재를 모아 논술을 가르쳤는데 그들은 경쟁을 즐기며 성장했다. 학원은 변화를 생존논리로 삼기 때문에 교육 제도가 변할수록 위력을 발휘한다. 그 대응력이 공교육보다 뛰어나다. 엄마와 자녀가 시간마다 평가하는 시장에서 살아남은 사교육자가 한 해에 몇 차례 형식적으로 평가받는 공교육종사자를 압도한다. 당국에서는 사교육을 없애려고 하지만 엄마들은 효과를 아는 터라 비싼 수업료를 들고 사교육 시장으로 간다. 고수는 자녀와 현실을 냉철하게 파악한 뒤에 공교육과 사교육을 적절하게 활용한다.

그 고수들 덕분에 나도 한때 학생들을 한 해에 수십 명씩 서울대에 보냈다. 내가 잘 가르치거나 엄마가 똑똑해서가 아니라 수재들이 내 학원에 모였기 때문이다. 당시에 전주에서 박사학위를 소지하고 국어 전문학원을 열었는데, 마침 논술이 부상하여 운을 잡았다. 영어나 수학도 전문학원 체제로 운영하는 예가 드물었는데, 대학 강사가 논술을 전문으로 가르치자 각 학교의 수재들이 집합한 것이다.

나는 대치동 신화도 엄마가 아니라 그 자녀들이 썼다고 본다. 학교 교사나 학원 강사도 신화의 주역은 아니다. 그런 점에서 강남 학원가에서 활동하며 현실을 직시한 심정섭의 말에 귀를 기울일 만하다. 그는 『강남에서 서울대 많이 보내는 진짜 이유』에서 강남 신화의 원인을 학원과 학교가 잘 가르쳐서가 아니라 좋은 인적 자원이 강남에 몰려 있기 때문이라고 했다. 좋은 인적 자원을 모으는 것도 실력이지만 그 힘을 엄마가 독차지할 수는 없다. 여러 조건이 맞으니까 수재들이 강남에 모여든다고 하겠다.

나도 강남 교육을 체험했다. 진이 강남 대성학원에서 재수를 했기 때문이다. 나도 지방에서 학원을 하여 그 명성은 잘 알았는데 막상 건물과 시설을 보고 실망했다. 지금은 이사하여 나아졌다고 하는데 당시엔 촌놈이 보아도 초라했다. 진에게 물으니 강사 수준도 반할 만한 정도는 아니라고 했다. 거기에서 논술 수업도 했으나 아무래도 불안하여 유명한 논술전문학원에서 논술은 따로 배우게 했다. 논술학원을 운영해 보았던 터라 수업방식이나 첨삭지도를 유심하게 지켜보았다. 한 반에 20여 명을 수용하여 토론 수업은 하지 않았고, 첨삭도 아르바이트생에게 시키는지 성의가 없었다. 낯간지러운 말이지만 지방 논술 선생이 볼 때 배울 바가 없었다. 비용을 생각하면 비경제적이라 생각할 만했다.

강남 학원가의 신화는 역시 전국에서 모인 수재들이 썼다. 공부는 땅이 아니라 사람이 한다. 다만 잘하는 사람이 모여서 서로 겨루며 공부하면 효과적이다. 대치동 맘이 대단하나 그 가운데 하수도 많다. 그들 또한 똑같은 사람이며 불안한 엄마일 뿐이다. 그 이름을 듣고 꼬리를 내릴 일은 아니다.

비대치동 고수는 대치동 맘과 다른 길로 간다. 대치동 맘을 알고 그와 대치할 만한 실력을 기른다. 취약한 부분을 실력으로 보완하여 대치동 맘과 대치한다. 대치동 맘을 인정하되 그 장단점을 보고 실력을 쌓아 자녀 교육에서 뜻을 이룬다.

# 자녀에게 초점을 맞춘다

## 자녀를 주체로 삼는다

모든 국민이 교육 전문가인 나라에서 자식을 나름대로 가르치기가 참 힘들다. 자식의 성적이 떨어졌다고 하면 옆집 아줌마가 바로 "닥치고, 과외해!" 하고 나선다. 쉬운 데다 책임이 없으니 시원하게 훈수를 한다. 효과가 바로 나타나지 않고 성공 요인이 다양하니까 자녀 교육에는 아무나 선생 노릇을 자처하고 나선다. 그만큼 말이 무성하다.

여기저기서 자녀 교육에 대한 글을 쏟아낸다. 그 글에도 고하가 있다. 영아를 키우면서 진리의 사도라고 떠드는 영상 문자에서 자녀를 거인으로 키워놓고도 조심스럽게 발간한 저서까지 그 격이 다양하다. 대학에 들어가자마자 책을 출간하고 교육전문가 행세를 하는 학생이 즐비하니 자녀가 성인이 된 뒤에 저술하는 사람은 얌전한 편이다. 세 자녀를 미국 명문대에 보내 미연방정부 정책자문과 변호사로 키운 김영순 부부는 교육의 성공 여부는 아이들이 중년에 들어서야 알 수 있다고 하였다. 때문에 출판사에서 책을 내자고 해도 여러 차례 거절했다. 그 자신이 미국 필라델피아 시립대학 교수이며, 그 남편 김경섭은 한국코칭센터를 운영한다. 부부가 교육에 조예가 깊은데도 그녀는 신중하게 행동했다. 출판사의 권유를 마지못해 받아들여 책을 저술했다. 그런 책에 자녀 교육의 정수가 들어 있다. 그는 총체적인 안목을 가지고 인생과 세상을 조망했다. 그는 또 다른 초고수인 전혜성에게 자문을 구하며 자녀를 키웠고, 유대인에게 배우려고 그들이 많이 사는 곳에 살았다. 고수가 고수를 알아보는 법이다. 고수는 보물을 찾으러 돌아다니는 데 반해 하수는 발밑에 굴러다니는 돌을 주워들고 보석이라고 외친다. 하수는 고수가 그게 돌이라고 하면 분노하면서 목소리를 높인다. 옥석을 가릴 줄 몰라 그런 말에 수긍하는 엄마가 바로 하수다.

고수는 교사가 겁을 줘도 흔들리지 않는다. 초등교사는 혼자서 수업을 전담하는 데다 자녀는 교사에 비해 약하다. 때문에 엄마는 초등학교 교사가 자녀의 기초가 부족하다고 말하면 가슴이 내려앉는다. 그래도 고수는 촌지를 떠올리지 않는다. 그만큼 담대하고 교육 철학이 견고하다.

초등학생은 기초가 부족해도 괜찮다. 명문대생의 8할은 초등학교에서 공부를 잘하지만 그 3퍼센트만이 초등학교 실력을 고등학교 시절까지 유지했다고 한다. 중·고등학교에 다니는 동안 부침을 많이 겪는다는 이야기다. 따라서 초등학생은 공부의 바탕을 다지면서 성적은 중상을 유지하면 된다. 초등학생 시절은 기초를 다지는 때이니 바탕이 엉성해도 걱정할 것 없다.

문제 교사를 만나도 엄마가 교사를 바꿀 수 없으니 한 해 동안 참아야 한다. 느리지만 그 또한 지나간다. 고수는 자녀가 그런 교사에게 치명상을 입지 않도록 예방주사를 놓는다. 문제 교사에게 부당하게 혼나면 자녀를 감싸준다. 어릴 때 교사에게 모욕을 당하면 상처가 오래가기 때문이다. 아이 맡긴 죄로 엄마는 교사 앞에 서면 작아진다. 그럴수록 아이가 교사에게 부당한 대우를 받기 쉬우므로 문제가 심각하면 엄마가 나서는 게 좋다. 지금은 엄마들이 문제 교사에 대응할 길이 이전보다는 많다. 당국에 문제 교사를 신고하기도 하므로 문제 교사도 엄마들을 의식한다. 그동안은 문제 교사가 교실에서 군림해도 그 사실을 엄마들이 알기도 어려웠다. 이제는 아이들이 실상을 엄마에게 알리기도 한다. 교사들은 교권이 위축되었다고 하지만 엄마들은 아직도 교사를 무서워한다. 교사가 자녀를 평가하기 때문이다. 당국은 문제 교사가 극히 일부라고 말하나 학생들은 문제 교사가 꽤 있다고 한다. 엄마들도 그렇게 생각한다. 내가 보아도 교사 열에 하나는 문제가 있다. 학교만 그런 게 아니니 화낼 일도 아니다. 조직의 속성상 괜찮은 사람도 안전지대에 들어가면 문제 직원이 되는 수가 있다.

학원에서 어떻게 하면 교사를 쫓아낼 수 있느냐고 묻는 학생을 만난 적이 있다. 안타깝지만 그런 방법은 없다고 대답했다. 현실적으로 한국은 절이 싫으면 중이 절을 떠나야 한다. 학교 또한 마찬가지다. 다행히 학교를 떠나 공부할 길도 많으니 아이가 교사 때문에 학교를 못

다니겠다고 하면 억지로 학교에 보낼 것 없다. 학교를 성역으로 알아 그만두면 안 된다고 하여 자녀를 망치는 것보다는 학교를 버리는 쪽이 백번 낫다. 현실을 냉혹하게 파악해서 대처하되 엄마가 학교를 절대적인 공간으로 여길수록 자녀가 피할 곳은 적다는 점을 생각해야 한다.

대부분의 교사는 괜찮은 편이다. 그들은 부모에게 겁을 주기보다 자녀 문제를 실제보다 줄여서 이야기한다. 때문에 교사가 완곡하게 하는 말도 부모가 심각하게 받아들일 필요가 있다. 부모는 자녀를 왜곡하는 수가 많으므로 교사의 말을 냉정하게 들어야 한다. 자녀의 비행에 대해서는 특히 그렇다. 고수는 현실을 똑바로 가늠하여 자녀 교육에 임한다. 현실에 대응하면서 자녀에게 힘을 준다.

엄마는 교육 환경의 핵심이다. 엄마가 자녀와 현실을 이해할 때 교육 환경이 좋아진다. 엄마가 어떻게 하느냐에 따라 자녀의 교육 환경이 바뀐다. 이를테면 원칙을 중시하는 엄마가 자유분방한 아이에게 원칙을 강요하면 두 사람은 자주 부딪친다. 그만큼 자녀의 교육 환경이 나빠진다. 엄마가 자녀의 특성을 알고 그것을 고려해서 가르쳐야 둘 사이에 갈등이 줄어든다. 자녀 교육은 상호 작용이기 때문이다.

고수는 자녀의 성별에 따라 적절하게 자녀를 가르친다. 가령 남자아이는 공상 과학 소설을 좋아하는 데 견주어 여자아이는 문학 작품을 즐긴다. 그래서 독서 교육도 남녀에 따라 다르게 진행한다. 독서 능력은 개인차가 있고 나이에 따라 달라지니 자녀의 형편을 제대로 파악한 뒤에 지도해야 효율성이 오른다.

엄마는 일차적인 교육 담당자로서 아무 것도 없는 상태에서 아이를 가르친다. 바닥에서 시작하므로 중요하고 어려운 교육을 수행하는 것이다. 자신과 자녀는 물론 교육 원리를 알아야 자녀를 제대로 교육할 수 있다. 처음 가는 길이니 불안한 것은 당연하다.

남자아이는 발달이 늦은 데다 산만한데 또래보다 빨리 학교에 보내는 수가 있다. 그럴 경우 여자아이는 물론 다른 남자아이에게도 밀리기 쉽다. 자연히 학교생활에 흥미를 잃고 아이들과 어울리지 못한다. 그런 아이에게 기대를 걸고 압박하면 정신에 문제가 생긴다. 아이를 자기 마음대로 하려다 망치기 쉽다. 엄마가 걸어보지도 않은 남자 생애를 자기가 아는 대로 가르치다가 남자아이를 바보로 만드는 수가 있다. 딸도 마찬가지다. 자기가 살아온 길을 정답이라고 생각하지 않고 여자의 길에 대해 공부하면서 조심스럽게 키울 일이다. 환경이 바뀌었으니 자녀가 사는 길을 배워야 한다. 그 공부를 잘하는 엄마가 바로 고수다.

고수는 자신을 자녀에게 맞춘다. 자녀가 교육의 주체이기 때문이다. 다른 엄마의 성공담에서 적절한 요소를 추출하여 자녀에게 적용한다. 어떤 엄마가 자녀를 괜찮은 대학에 보냈다고 해서 그 말을 그대로 받아들이지 않는다. 다른 사람의 자녀 교육 전략을 자신과 자녀가 처한 상황에 맞게 수용한다. 자녀가 교육의 주체라는 사실을 알고 좋은 환경을 만들려고 노력한다.

자녀는 모두 다르며 엄마 또한 상이하다. 세상에 하나뿐인 자녀와 엄마가 서로 자라는 게 교육이다. 다른 사람이 주는 정보를 참고하여 나름대로 길을 만들어야 한다. 자녀를 주체로 삼고 엄마가 그에 맞게 변해야 한다. 하수는 자신은 그대로 있으면서 아이만 바꾸려고 한다.

그러니 아이가 반항한다. 아이가 힘이 자라면 엄마가 제재할 수 없으니 아이가 빗나가게 된다.

자녀의 운명은 엄마의 적응 능력에 따라 갈린다. 고수는 자녀의 조건에 맞게 자녀를 교육하면서 아빠도 자녀 교육을 돕도록 한다. 그래서 자녀가 좋은 교육 환경 속에서 공부를 잘하게 된다. 고수는 자신이 최고의 교육 환경이라고 생각하여 자기부터 혁신하려고 노력한다.


## 자녀를 무대에 세운다

하수는 아들이 게임을 하면 "게임 그만하고 공부해!" 하며 화를 낸다. 왜 남자아이가 여자아이보다 게임에 잘 빠지는지는 알아보지 않고 공부를 안 한다고 나무란다. 남자아이는 게임을 하며 원시 시대의 사냥꾼처럼 긍지를 느낀다. 그걸 모르고 아들을 나무라면 엄마에 대해 축적한 나쁜 감정을 사춘기를 맞아 한꺼번에 터트리기도 한다. 남아는 다른 사람이 인정해주면 의젓해지지만 엄마는 통제를 사랑이라고 생각한다. 엄마는 모성적 통제를 사랑으로 아는지라 아들을 간섭하면서 사랑한다고 착각한다. 당연히 인정을 갈구하는 아들과 갈등하게 된다. 그 결과 아들은 엄마와 겨룰 만하다고 생각하는 사춘기에 이르러 엄마에게 덤비는 것이다.

엄마들은 아들이 게임에 빠져 공부를 못한다고 생각한다. 사실은 엄마가 아들에게 학습 능력을 길러주지 않아 게임에 빠진 경우가 많다. 아들을 영상에 노출시켜 게임 본능을 살려주면서 책 읽는 모습은 보여 주지 않아 학습능력을 퇴화시킨 것이다. 아이가 지적 호기심을 왕성하게 발휘할 때 엄마가 스마트폰을 끼고 살면 자녀는 자연스럽게 게임의 길로 들어선다.

고수는 스스로 공부하면서 자녀가 공부할 때까지 지켜본다. 아이가 꾸준히 공부하지 않아도 나무라지 않는다. 아이는 십 분도 집중하지 못한다는 사실을 알기 때문이다. 고수는 아이가 호기심을 보이고 책을 읽다 보면 학습 본능이 살아난다고 본다.

걸음에 공부의 원리가 들어 있다. 엄마가 도와주지 않아도 아이는 걷게 된다. 사람들이 걸어 다니는 것을 보고 모든 사람을 스승으로 삼아 걸음을 배운다. 수없이 넘어져도 다시 일어나서 걷는다. 남이 본다고 부끄러워하지 않으며, 다른 사람이 웃어도 움츠리지 않는다. 자기도 다른 사람처럼 걸으려고 애쓰는 것이다.

고수는 아이가 스스로 걸을 때까지 기다린다. 뼈와 근육이 자연스럽게 발달해야 다리가 튼튼해진다는 사실을 알기 때문이다. 하수는 자녀를 빨리 걷게 하려고 손을 잡고 걸음마를 시킨다. 자녀가 빨리 걸으면 자녀 교육에서 이길 줄 안다. 무리하게 걷게 하려다 자녀의 뼈와 근육에 이상을 초래하기도 한다.

걸음은 신체의 균형을 잡으며 전진하는 동작이다. 또한 걸음은 감각 기관을 동원하여 뇌를 자극하는 일이기도 하다. 걷는 능력은 운동 신경, 근육 상태, 기질과 성격 등에 따라 개인차가 난다. 저마다 단계를 밟아 걸으면 된다. 대체로 몸을 뒤집고 기다가 앉은 다음에 물건을 잡고 일어선다. 그런 뒤에 발을 옮기며 중심을 잡는다. 그 단계를 억지로 밟게 하면 심신의 능력은 물론 뇌력까지 떨어진다. 체력과 뇌력이 공부의 바탕인데 그것이 부실하면 공부를 잘하기 힘들다.

때가 되면 누구나 걷는다. 의학적으로 8~24개월에 걸으면 정상이라고 한다. 이상 행동을 보이면 병원에 가야 하지만 다른 아이보다 빨리 걷게 하려고 무리하면 좋지 않다. 자기 발달 체계가 망가지면 스스로 배우지 못하므로 공부하는 데도 지장을 준다. 학습과정을 다른 사람이 조종하면 스스로 배우는 힘이 떨어진다. 가령 보행기도 아이가 자연스럽게 걷는 것을 방해한다. 보행기는 뒤집기와 팔 뻗기를 방해하며, 기는 것을 막을뿐더러 까치발을 만든다. 자연스러운 발달 과정을 인위적으로 훼방하여 자녀가 인체 시계에 따라 자라지 못하게 한다. 체계적으로 삶을 배울 기회를 빼앗는 셈이다.

하수는 아이가 타고난 대로 가는 걸 막으면서 아이를 자기 마음대로 끌고 가려고 한다. 자녀의 학습 체계를 망가뜨리니 자녀가 공부를 싫어한다. 책 읽는 일이 엄마가 보면 간단하지만 아이는 여러 단계를 거쳐야 할 수 있는 일이다. 엄마가 아이의 특성을 이해하고 자녀가 글자를 깨우치는 과정을 도울 때 자녀가 책을 좋아한다. 최선의 독서지도는 스스로 읽을 때까지 기다리는 것이다.

아이가 타고난 학습 시계는 저마다 다르다. 다른 아이가 두 살 때 한글을 배운다고 초조하게 생각할 필요가 없다. 체력과 뇌력을 다진 뒤에 다섯 살에 한글을 익혀도 괜찮다. 고수는 자녀가 옹알이를 하면 그에 응답하며 언어 능력을 기른다. 아이를 안고 입모양을 보여주며 큰소리로 말한다. 여러 감각기관을 통하여 뇌에 입력한 정보가 공부의 바탕이 되기 때문이다. 공부할 기초를 닦지 않은 아이에게 지식을 주입하면 아이는 공부에 염증을 느낀다. 엄마가 학습 시계를 망가뜨리니 아이는 스스로 배우지 않는다. 어릴 때 공부하는 습관을 길러주지 않고 유치원에 가자마자 공부하라고 강요하면 공부를 싫어한다.

유대인 엄마는 자녀를 학습 시계에 맞추어 가르친다. 초기에는 그들이 우리에게 성적이 뒤져도 갈수록 우리를 크게 따돌린다. 이스라엘은 만 15세 학생을 대상으로 치르는 국제학업성취도평가(PISA)에서 OECD 34개국 가운데 30위쯤이다. 우리는 거기에서 1~3위를 차지한다. 하지만 대학에 들어갈 때가 되면 우리가 유대인에게 크게 뒤진다. 유대인은 미국 아이비리그의 30퍼센트 안팎을 점유하는 데 비해 한국은 그 1퍼센트 내외를 차지한다. 한국 인구가 유대인의 세 배 이상이라는 점을 고려하면 우리는 그들의 비교 대상이 안 된다. 유대인은 초등학교에 가기 전까지 문자를 익히지 않고 엄마와 말을 주고받는 데 견주어 우리는 아이가 말을 하면 문자를 가르친다. 엄마가 교육 원리를 몰라 노력은 유대인 못지않게 하는데 실적에서는 유대인에게 많이 떨어진다.

유대인은 자녀가 아는 데서 기쁨을 얻게 한다. 자녀에게 아는 즐거움이 어떤 쾌락보다 좋다는 인식을 심어준다. 무엇을 아느냐보다 아는 일을 즐기도록 도와준다. 그러면 스스로 공부하기 때문이다. 유대인은 자녀에게 고생 끝에 낙이 온다는 원리를 가르친다. 아이가 글을 잘못 읽어도 그냥 넘어간다. 아이를 믿고 기다리면 스스로 자란다는 사실을 아는 까닭이다.

고수는 자녀가 남을 배려하도록 가르친다. 자녀에게 타인보다 자기부터 다스리라고 말한다. 진정한 리더십은 내가 아니라 남을 섬기는 일이기 때문이다. 육사 남자 생도가 교내에서 후배 여자 생도를 성폭행하여 퇴교를 당한 사건이 있었다. 그 엄마 마음이 얼마나 아팠을까.

고수는 자녀에게 본능을 조절하는 능력을 키워준다. 공부란 자기를 조절하는 힘을 기르는 일이라고 생각한다. 여러 연구에서 지능보다 절제가 공부에 더 큰 영향을 미친다고 보았다. 엄마가 자신에게 엄격할 때 자녀도 본능을 절제하며 공부한다. 자신이 세상의 리더라고 생각할 때 욕망을 절제하며 포부를 이루려고 공부할 수 있다. 엄마가 아이에게 지적 쾌락을 감각적 쾌락보다 중요하다고 가르치면 자녀가 커서 성적 쾌락에 인생을 걸지 않는다.

고수는 자신을 자녀에게 맞춘다. 자녀에게 적응하는 훈련을 엄마 공부라고 생각한다. 그는 자녀에게 적절한 학습 시기와 자녀에게 맞는 학습 습관을 찾는다. 자녀의 학습 시계를 알아보고 자녀와 함께 그에 따라 공부한다. 자녀가 적기에 적절한 방법으로 공부하도록 돕는다. 그는 자녀에게 채찍과 당근을 적절하게 활용하여 성공의 길로 걸어간다. 그런 점에서 자녀의 실력은 엄마의 수준에 따라 갈린다.

# 좋은 물에 놓아준다

## 스스로 배우도록 한다

고수는 학원을 자녀가 고르게 한다. 자녀가 학원에 가서 상담하면 정보를 얻으면서 면접 실력도 기른다고 본다. 자녀에게 시행착오를 겪으면서 배울 기회를 준다. 그 자녀는 면접 시험장에서 교수가 압박 질문을 해도 당당하게 대응한다.

하수는 집에서 학원에 전화하여 자식에 대한 걱정을 한참 늘어놓는다. 자녀를 바꿔달라고 해야 자녀에게 수화기를 넘겨준다. 자녀가 통화하는 동안에도 옆에서 자녀의 말에 토를 단다. 그 자녀는 면접장에서 교수가 묻는 말에 대답하지 못한다. 말할 때마다 엄마에게 비판을 받았기 때문이다. 자기 견해를 펴본 적이 없어 교수가 반박하면 말문이 막힌다.

학원에서 보면 하수의 자녀는 토론 수업에 제대로 적응하지 못한다. 그 자녀는 기존 학생이 토론하는 모습을 보고 당황한다. 엄마가 과잉보호하여 주도적으로 공부해본 적이 없으니 토론 수업에 겁을 낸다. 학생들이 소문 이상으로 막강하다고 하면서 수강을 포기한다. 스스로 배우면서 고비를 넘기려는 의지가 없기 때문이다.

고수는 자녀와 말을 주고받으며 토론 실력을 기른다. 자녀가 따지고 들어도 너그럽게 대응하여 자녀가 윗사람을 무서워하지 않도록 가르친다. 자녀와 대등한 입장에서 대화하니 그 자녀는 소신껏 의견을 편다. 면접고사에서도 엄마와 대화하는 것처럼 면접관과 말을 주고받는다. 당연히 대입에서 좋은 성과를 낸다. 그런 학생들을 지켜보면 대학을 나와 사회에서도 당당하게 살아간다.

필기시험은 잘 보지만 면접에 취약한 학생이 있다. 필기고사는 혼자 문제를 풀면 그만이지만 면접에서는 교수의 질문에 대응해야 하기 때문이다. 좋은 대학일수록 면접을 까다롭게 치른다. 때문에 어릴 때부터 담력을 기른 학생이 좋은 대학에 들어간다.

고수는 낱말 하나도 여러모로 가르친다. 엄마가 아이에게 '짐'이라고 하면 처음에는 그 말을 못 알아듣는다. 엄마가 그 말을 자신을 가리키는 말로 계속 사용하면 자녀도 그 어휘가 '나'를 가리킨다는 사실을 안다. 우리말에는 '나'라는 뜻을 지닌 말이 40여 가지다. 엄마가 그 가운데서 여러 말을 구사할수록 자녀의 언어 능력이 올라간다. 언어 능력은 이해력과 표현력을 포함하기 때문이다. 엄마가 자녀에게 왜 '나'라는 말 대신에 '저'를 쓰는지 설명해주면 아이는 '저희' 나라가 아니라 '우리' 나라라고 하는 이유를 깨닫는다. 고수는 '나'를 바탕으로 우리 사회와 문화, 그리고 역사에 대해 가르친다. 단어 하나를 여러 측면에서 가르치는 것이다.

사람은 말을 통해 세상을 본다. 따라서 엄마의 어휘력이 풍부할수록 자녀도 세상을 넓게 본다. 고수는 태아와 대화를 나눈다. 태담胎談을 많이 할수록 긍정적인 애착 관계를 형성하여 언어 교육을 하는 데 유리하기 때문이다. 고수는 아이가 세상에 나오면 긴밀하게 소통하며 친밀감을 형성한다. 그 자녀는 정서적으로 안정된 속에서 언어 공부를 시작하니 학습능력이 뛰어나다. 좋은 물에서 시작한 데다 바탕이 튼튼하여 크게 자란다.

고수는 수다쟁이로서 자녀와 말을 주고받으면서 자녀 교육의 기초를 닦는다. 언어 능력이 뛰어난 엄마가 자녀의 학습 능력을 높인다. 엄마가 말이 없으면 아이의 어휘력이 떨어져 아이가 공부를 못한다. 뿐만 아니라 아이가 남의 말에 공감하는 능력이 부족하여 사회에서 살아남기 어렵다.

고수는 하수보다 아이에게 말을 많이 한다. 언어의 질에서도 하수를 앞선다. 고수는 빵을 먹으면서도 동양과 서양의 음식은 물론 학문, 경제, 과학, 산업 등에 대해 설명한다. 빵으로 배만 채워주는 게 아니라 머리를 일깨워준다. 엄마의 말을 듣고 아이가 질문하면 알아도 대답해주지 않고 생각해보도록 하여 자녀의 사고력을 길러준다. 그 자녀가 공부를 잘하는 것은 말할 것도 없다. 엄마의 언어 능력이 뛰어나면 자녀를 훌륭하게 키울 수 있다. 가문의 성패는 엄마에게 달려 있다는 말이다.

고수는 자녀가 여러 사람에게 배울 기회를 준다. 자녀와 긍정적으로 애착관계를 형성한 뒤에 다른 사람에게 배우도록 한다. 아이가 다양한 부류에게 배우면 여러 계층과 소통하여 정보화 시대와 다문화 세계에서 성공한다. 엄마가 중심 양육자로서 아이와 정기적으로 교감하면 정서불안은 걱정할 필요가 없다. 고수는 자녀의 바탕을 다진 뒤에 자녀가 다른 사람에게 배울 수 있도록 한다.

사람은 스스로 배울수록 제대로 안다. 학원에서 고등학생들에게 제레드 다이아몬드의『총, 균, 쇠』를 추천하곤 했다. 서울대생이 많이 읽는다는 책이다. 하수는 어렵다고 불평하는 반면 고수는 유익하다고 호평했다. 독서는 능동적인 학습이다. 책을 읽으며 뇌에 부담을 주어야 사고력이 향상한다. 따라서 이해하기 힘든 책을 다양하게 읽는 게 좋다. 힘들게 배워야 오래가니 책은 되도록 자기 독해 수준보다 조금 높은 것이 좋다.

난해한 책을 읽고 사람들과 토론하면 이해력과 표현력을 아울러 기를 수 있다. 다른 사람을 통해 부족한 부분을 확인하니 스스로 학습 동기를 유발하게 된다. 남을 배려하며 의견을 피력하는 힘을 기르면서 교사나 부모가 아니라 동료에게 자극을 받는 것이 학습효과가 크다. 안정을 중시하고 남에게 흠을 보이지 않으려는 학생은 토론에 부담을 가진다. 엄마가 자녀를 보호할수록 그런 학생이 될 확률이 높다. 자녀 교육의 열쇠를 엄마가 쥐고 있다는 말이다.

## 자랄 만한 물에 놓아준다

사람을 낳으면 서울로 보내라고 했다. 정약용도 두 아들에게 되도록 한양에서 살라고 조언했다. 이원명에 따르면 정조 연간에 전국 인구의 2.55퍼센트인 한양 거주자가 문과급제자의 43.1퍼센트를 차지했다. 그런 점에서 다산의 말을 이해할 만하다. 오늘날보다 서울의 교육 장악력이 수십 배나 높았던 것이다. 지금도 서울은 여전히 물이 좋은 지라 엄마들은 자녀를 서울에 있는 대학에 보내려고 애쓴다. 세상에서 대학 간판과 인간관계를 중시하니 서울로 가야 크기 좋다고 본다. 물론 지방 대학을 나와 서울에 가서 고래가 되는 수도 있다.

부산에서 동아대를 나온 박종환은 대기업에 들어가기 힘들었다. 하릴없이 KTIT에 입사했고, 포인트아이로 이직하여 십 년 동안 일했다. 그 뒤에 록앤롤을 창업하여 5년 만에 모바일 내비게이션 '김기사'를 수백억 원에 다음카카오에 넘겼다. 그는 부산에서 이삿짐을 싣고 서울로 가서 계약한 집을 못 찾았던 사람이다. 그러던 그가 내비게이션 기술을 익혀 다른 사람에게 길을 안내했다. SKY와 카이스트가 판치는 벤처업계에서 지방사립대학을 나와 대박을 터뜨린 것이다.

세상은 간판보다 능력을 높이 사는 쪽으로 바뀐다. 지방대생은 박종환처럼 중소기업에 가서 회사와 함께 자라는 전략을 구사해도 괜찮다. 경영자와 그 산업의 전망을 알아보고 회사의 성장 가능성을 가늠하고 들어가면 된다. 엄마가 어떤 물에서든 살아남을 수 있는 힘을 길러주었다면 다음에 큰물에 나가도 크게 자란다.

고수는 자녀에게 사람과 미래를 읽는 힘을 길러준다. 자녀가 지방 대학에 갔다고 실망하지 않고 큰물에서 살아남는 비결을 알려준다. 그 자녀는 그 덕분에 성장할 만한 회사를 찾는다. 거기서 비전이 있는 사람과 사귀며 서로 자란다. 힘이 생기면 스스로 새로운 바다를 만든다. 거기에서 마음껏 역량을 발휘한다. 바다를 넓힐수록 자기도 자라는 것이다.

지방에서도 세계적인 생존력을 길러 바다에 가면 고래가 될 수 있다. 문제는 물이 아니라 힘이다. 어떤 물에서든 클 만한 힘을 지녔다면 언젠가 세상을 누비며 살아간다.


바다에 사는 고기가 모두 고래는 아니다. 멸치는 바다에서 태어나서 바다에 살지만 갈치보다 더 크게 자라지 못한다. 코이라는 일본 잉어는 물에 따라 다르게 자라는데 바다에 가면 죽는다. 민물고기이기 때문이다. 연어는 강은 물론 바다에서 살 수 있으나 바다에 가도 고래는 못 된다. 연어는 연어일 뿐이다.

고래는 처음부터 바다에 살아야 생존율이 높고 제대로 자란다. 고래가 바다에서 태어나면 생존율이 50퍼센트인 데 견주어 수족관에서 태어나면 10퍼센트 안팎만 어른이 된다. 수족관에서 출생한 고래는 바다에서 사는 고래가 향유하는 수명의 10퍼센트밖에 못 누린다. 수족관을 운동장만 하게 만들어 바닷물을 날마다 갈아줘도 고래에게 그곳은 감옥일 뿐이다.

하수는 아이를 어항에서 키우려고 한다. 자녀를 투명하게 들여다

보며 관리하려고 하는 것이다. 자녀가 엄마의 눈을 벗어나면 불안하여 수시로 전화를 한다. 대학에 들어간 뒤에도 사사건건 전화로 간섭한다. 교육은 탯줄을 끊는 일인데 전자 탯줄을 이어 놓고 안 보이는 데서도 자녀를 조종하려고 한다. 그 전략이 통할수록 자녀는 생존력을 잃는다. 포식자에게 먹히는 일은 시간문제다.

자녀 교육은 자녀를 바다에 내놓는 일이다. 자녀에게 생존력을 길러주면 바다에 태풍이 몰아쳐도 살아남는다. 한국에서 대응력을 기른 뒤에 다른 나라에서 공부하도록 놓아주면 세계적인 인재가 된다. 외국에서 공부뿐만 아니라 문화를 익히고 대인관계도 넓혀 거인이 된다. 자생력을 기른 뒤 놓아주어야 일단 생존한다. 경쟁력을 확보하는 일은 그다음 문제다.

그렇다고 아이를 방목하면 초등학교에 가서 자리에 가만히 앉아 있지 못한다. 커서 자녀의 학습 습관을 들이려고 하면 실패하기 쉽다. 아이가 학교에 다니기 싫다고 할 때 하수는 "네 인생 네가 알아서 하라."고 말한다. 학교에서 적응하지 못해도 사회에서 살아남으면 된다고 보아 자녀가 하는 대로 놓아둔다. 그러다 자녀를 망치기 일쑤다.

아이는 학교에서 살아가는 힘을 기른 뒤에 사회에 나간다. 대체로 학교에서는 집단주의와 계급주의를 가르친다. 관리자는 학생들에게 위계질서를 가르쳐야 기득권을 누리며 살 수 있기 때문이다. 기성세대는 학교를 성역으로 알지만 21세기 아이들을 가르치기에는 학교가 너무 낡았다. 학교는 아이들에게 수많은 상처를 주면서 힘겹게 굴러갈 뿐이다.

당국도 학교에 문제가 많다는 사실을 알고 혁신하려고 노력한다.

말로만 혁신을 외치는 꼴이지만 변해야 산다는 것을 아는 게 다행이다. 그러나 기득권을 스스로 내려놓은 일이 없다는 점에서 자체 혁신을 기대하기는 어렵다. 때문에 자녀는 그 속에서 살아남을 수밖에 없다. 학교생활에 적응할 때 사회에서 생존할 가능성이 올라가니 참는 일도 배울 만하다.

고수는 자녀가 학교에 가기 싫다고 하면 그 이유를 묻는다. 자녀가 특정한 교사를 미워하면 그 말에 공감해준다. 그러면서 되도록 학교에 다니라고 부탁한다. 다만 학교를 성지로 생각하지 않고 선택 사항으로 본다. 때문에 자녀가 죽어도 학교에 가기 싫다고 하면 다른 길을 찾아본다.

자녀가 학교를 떠나려고 하면 학교를 떠나려는 미음과 하고 싶은 일에 대한 열망 가운데 무엇이 더 강한지 알아본다. 사람은 현실의 고통을 과장하고, 미래의 기쁨을 낙관하므로 자녀를 냉정하게 판단한다. 자녀는 학교만 떠나면 무슨 일이든 할 수 있다고 생각하지만 현실은 생각과 다르다. 감정에 치우쳐 학교를 떠났다가 후회하는 수가 많다. 직장에서 적응력과 성실성을 중시하는데 학교에서 그런 능력을 기른다고 생각하고 다니는 것도 괜찮다.

고수는 자녀를 연못에서 키우다가 큰물에 놓아준다. 자랄수록 새로운 세상에 가서 크기 바란다. 자녀가 자랄 만한 물로 보내 다양한 경험을 하며 거인이 되기 바란다. 제힘으로 파도를 헤치기 바라며 자녀를 바다에 놓아준다. 우물에서는 고래가 살 수 없으니 고래는 바다에 놓아주어야 한다. 그래야 본성을 발휘하며 자랄 수 있다. 다만 한 우물을 파다 성공하는 수가 많으니 자녀가 우물에 산다고 무시하면 안 된다.

# 끝까지 믿고 기다린다

## 믿는 만큼 자란다

일기를 쓰면 논술에 도움이 된다. 일기도 글쓰기니까 두말하면 잔소리다. 하지만 일기를 통해 논술 실력을 기르기는 힘들다. 엄마가 아이의 사생활을 들여다보며 잘못된 부분을 지적하기 때문이다. 그러면서 억지로 일기를 쓰게 하면 논술은 말할 것도 없고 공부도 싫어한다.

고수는 자녀가 일기를 쓰면 그대로 놓아둔다. 감정을 드러내면 그만인 일기를 작문 원칙에 따라 평가하지 않는다. 일기를 감정 배설로 생각하여 시원하게 정서를 쏟아내면 된다고 본다. 쓰기는 최고의 공부라고 여긴다. 그 자녀는 일기를 쓰며 사고력과 표현력을 기르니 갈수록 공부를 잘한다.

쓰기는 국어영역 가운데서 가장 어렵다. 국어 실력을 모두 동원하여 실행하는 일이기 때문이다. 누구나 좋은 대학에 가고 싶지만 논술이 어려워 하향지원을 하는 수가 많다. 초등학생 때부터 글을 써서 남에게 좋은 평가를 받은 적이 없는데 교수에게 글을 보여 주어야 하니 논술을 부담스럽게 생각한다.

엄마가 쓴 글을 자녀에게 보여 주면 자녀가 뭐라고 평가할까? 초등학생도 엄마 글에서 흠은 잘 잡아낸다. 안고수비眼高手卑, 곧 보는 눈은 높되 쓰는 손은 낮다. 그런데 하수는 한 해에 편지 한 통도 안 쓰면서 초등학생이 날마다 일기를 쓰기 바란다. 자녀의 일기를 보며 안목이 높은 체하며 맞춤법과 띄어쓰기에 맞게 쓰라고 한다. 사실만 나열하지 말고 느낌을 곁들이라고 주문한다. 자기도 못하는 일을 자녀가 잘하기 바란다. 그러면서 글씨 좀 똑바로 쓰라고 나무란다. 디지털 시대를 맞아 취약해진 부분까지 들먹이며 혼내니 아이는 글쓰기를 질색으로 여긴다. 쓰더라도 엄마는 보여주지 않으려 한다. 자존감을 지키려는 몸부림이다.

고수는 글을 쓰다 보면 스스로 잘못을 교정할 줄 안다. 때문에 자녀가 일기를 쓰면 가만히 지켜본다. 실제로 계속 쓰면 총체적으로 글쓰기 수준이 오른다. 흠을 들추기보다 힘을 줄 때 글을 계속 쓴다. 꾸준히 쓰다 보면 글씨에서 내용까지 전반적으로 향상한다.

엄마들은 자녀의 글에서 흠을 고쳐 그 수준을 끌어올리려고 한다. 의도는 좋지만 약점을 지적하면 자녀는 위축된다. 결함을 알려준다고 하여 흠결을 수정하기 어려울뿐더러 그런다고 글의 품격이 오르지도 않는다. 톨스토이가 살아나서 비법을 알려주어도 스스로 쓰지 않으면 글쓰기 수준은 제자리에 머문다.

엄마들은 자녀의 글에서 흠을 보면 그냥 지나가지 못한다. 자녀에 대한 기대가 큰지라 자녀의 단점을 보면 자녀가 스스로 보완할 때까지 못 기다린다. 자녀의 약점을 보고도 모른 척하려면 교육 철학이 견고할뿐더러 인내력이 강해야 한다. 글쓰기 지도에서는 강점을 칭찬하여 글을 계속 쓰도록 하는 게 가장 중요하다. 부분적으로 문제가 있어도 전체적으로 괜찮으면 된다. 고수는 그런 사실을 알기에 뿔 고치려고 하다 소를 잡지 않는다. 자녀가 자가 수정을 하면서 논술 실력을 올릴 때까지 참고 기다린다. 시행착오를 겪으며 쓰다 보면 글을 잘 쓴다고 본다. 자녀가 일기를 안 써도 책을 읽으면 글을 잘 쓸 수 있다고 믿는지라 고맙게 생각하고 지켜본다.

여기에 무기수인 자녀를 믿고 수십 년 동안 기다린 엄마가 있다. 바로 황찬길 화백의 어머니 김옥분이다. 황 화백은 6·25전쟁 때 학도병에서 탈영하는 바람에 무기수가 되었다. 폭격으로 남편을 잃은 그 어머니는 아들을 바라보며 살았다. 교도소 앞에서 떡장수를 하여 아들의 옥바라지를 했다. 아들이 감옥에서 실망할까 봐 그림에 취미를 붙이고 살도록 지원해주었다. 아들이 어릴 때 그림을 좋아했다는 사실을 떠올리고 그녀는 동양화가를 찾아가서 아들에게 그림을 가르쳐달라고 부탁했다. 감옥에 갇힌 아들을 살리려고 아들에게 미술 과외를 시킨 것이다. 이감하는 아들을 따라다니며 아들에게 그림 과외를 지속했다. 그 열정에 아들도 부응하여 미술대전에서 수상하는 한편, 재소자로서 처음으로 감옥에서 개인전을 열기도 하였다.

어머니의 정성에 하늘도 감동했는지 아들은 19년 10개월 만에 출소하게 된다. 아들이 감옥에서 나와 사회에서 적응하는 동안에도 어머니는 아들을 도왔다. 어머니가 믿은 만큼 자란 아들은 한국화연구소를 운영하는 한편 마술사로서 활동한다. 교도소 등을 돌며 봉사활동도 한다. 사람들이 저 인생은 끝났다고 말해도 어머니는 아들을 믿었다. 초인적인 힘을 발휘하여 아들이 재능을 발휘하도록 도왔다. 그 아들은 감옥에서 바탕을 튼튼히 다진지라 그 재능을 오래 풀어낸다.

고수는 자녀가 고난을 헤치는 동안에 자란다고 믿는다. 고치를 뚫고 나오려고 몸부림치는 번데기가 안쓰러워 그 구멍을 키워주면 번데기가 나방으로 변하지 못한다고 한다. 번데기가 고치를 뚫고 나오는 동안에 힘을 얻어 나방이 되기 때문이다. 고수는 자녀 교육을 내일 보물을 얻으려고 오늘 산고를 치르는 일로 생각한다. 그래서 아이를 낳을 때부터 아이와 함께 고통을 참는다. 아이가 자궁을 빠져나올 때 엄마와 아이가 함께 또 다른 세계를 맞는다. 엄마가 산통을 겪은 뒤에 보물을 얻었기에 자녀가 뭔가 시도할 때 자녀를 믿고 기다린다. 자연출산을 경험한 엄마는 인내력과 의지력이 강하여 고난을 극복하며 의연하게 살아간다. 자녀도 그런 엄마를 보고 자라 강인하게 생활한다.

엄마는 자녀 교육을 수행하는 팀장이다. 엄마의 사전에 후퇴라는 말이 없다. 어릴 때부터 밀리면 다른 아이에게 아주 뒤진다고 생각하기 때문이다. 그리하여 아이가 싫다고 해도 학원에 다니라고 강요한다. 공부할 마음이 없으니 아이는 학원에 가서 노는 애들과 어울려 게임을 한다. 게임으로 스트레스를 해소하는 것이다.

엄마가 나무라면 아이는 엄마 눈을 피해 게임을 한다. 게임 중독에 걸린 자녀를 게임에서 건지려고 애쓰지만 엄마 뜻대로 안 된다. 힘으로 자녀를 못 당하니 아빠에게 지원을 요청하여 문제를 꼬이게 한다. 아빠가 자녀에게 게임을 그만하라고 압박하면 아이는 언제부터 나한테 관심이 있었느냐고 따진다. 아빠는 어린 게 덤빈다고 화를 낸다. 엄마 때문에 가족이 서로 믿지 못하고 갈등하게 되는 것이다.

남자아이는 대개 친구를 사귀고 공격성을 발휘하려고 게임을 한다. 고수는 현실을 인정한 뒤에 자녀와 게임하는 시간을 약정한다. 그런 뒤에 자녀를 믿고 기다린다. 게임에 빠진 기간이 길수록 거기에서 빠져나오는 기간을 오래 잡는다. 때로는 자녀를 몇 해 동안 지켜보며 게임을 줄이기 바란다. 아빠가 자녀와 동적인 취미 활동을 할 수 있는 기회를 마련한다. 아빠가 지원할 방안을 연구하여 그 역할을 해주도록 부탁한다. 무엇보다 자녀가 엄마를 믿도록 그 언행을 바꾼다. 자녀도 그런 엄마를 보고 게임을 줄인다.

엄마가 잘못을 인정할 때 자녀도 엄마의 말을 듣는다. 그때 엄마가 게임 시간을 정하자고 제안한다. 자녀가 그 제안을 받아들이면 자녀의 게임 관리에 희망이 보인다. 엄마도 영상을 절제하고 독서를 늘릴 때 자녀의 게임을 관리할 수 있다.

# 죽을 때까지 기다린다

엄마는 자녀가 스스로 배울 때까지 기다리지 못한다. 성과를 빨리 보려고 아이에게 공부하라고 잔소리를 한다. 자녀는 엄마가 말하는 대로 공부하기 바라지만 아이는 엄마가 하는 대로 따라 한다.

하수는 자녀를 의사로 만들려고 돌도 안 지난 아이에게 청진기를 사다 준다. 돌잔치 때 아이가 청진기를 집으면 의사가 된 것처럼 기뻐한다. 돌상에 의사와 관련이 깊은 물건을 늘어놓고 아이가 무엇을 잡든 의사가 나왔다고 박수를 친다. 엄마가 길을 정해놓고 자녀에게 공부하라고 닦달한다. 자녀의 주도적 학습능력을 꺾는 것이다.

고수는 자녀가 시행착오를 겪으며 배울 때까지 기다린다. 자녀가 스스로 공부하면서 꿈을 찾아가기 바란다. 자녀가 하고 싶은 일을 실행할 때 재능을 펼 수 있다고 본다. 그러다 보면 자녀가 시행착오를 많이 겪지만 그러면서 실력을 쌓는다고 생각한다.

애를 키운 건 8할이 기다림이다. 엄마가 하는 고민의 대부분은 기다리면 풀린다. 고수는 자녀에게 그림책을 보여 주고 자녀가 글자에 대해 물어볼 때까지 기다린다. 아이가 글자에 관심을 보이면 그때 글자를 알려준다. 한국 엄마들이 세계에서 가장 빨리 문자를 가르치는 편이다. 옆집 아이보다 한글을 늦게 가르치면 뒤처질까 봐 걱정한다. 글자를 몇 번 가르쳐주고 읽지 못하면 멍청하다고 나무란다. 아이에게 공부를 재미없는 일이라고 가르치는 셈이다. 자녀 교육을 빨리하려고 아이를 압박하여 공부를 싫어하게 만든다. 스스로 배우는 힘을 빼놓고 자기주도학습을 외치니 소가 웃을 일이다.

학원을 운영하면서 우물에서 숭늉을 찾는 엄마를 퍽 많이 보았다. 하수는 자녀의 배경지식이 부족한데 한 달도 안 되어 논술 실력이 오르지 않는다고 불평한다. 그런 엄마에게 휘둘리지 않으려고 나는 학원 안내지에 빨간 글씨로 이렇게 써넣었다.

"동의하면 전념하라. 동의하지 않아도 전념하라. 싫으면 떠나라."

내 말이 아니라 썬마이크로시스템즈의 창업자 스콧 맥닐리의 인사 원칙이다. 학원에 오려면 몇 달이라도 기다린 다음에 평가하라고 못을 박은 것이다. 그사이를 못 참을 바엔 오지 않는 게 서로에게 좋다고 생각하여 미리 엄포를 놓았다. 성급한 엄마를 의식하여 단기 효과에 매달리다 선량한 학생에게 피해를 주기 때문이다.

고수는 자녀가 학원에 몇 년을 다녀도 전화 한 번 안 한다. 어쩌다 학원에서 전화를 걸면 학원을 믿는다고 말할 뿐이다. 그 말에 힘을 얻어 그 학생에게 관심을 더 갖게 된다. 고수는 고단수라 그 자녀가 혜택을 입는다. 단수 높은 엄마의 믿음에 부응하려고 신나게 수업하니 다른 학생까지 그 엄마의 덕을 본다. 그런 엄마가 입소문을 내주는 바람에 학원이 번창했다. 그 자녀가 잘된 것은 물론이다.

고수는 자녀를 믿기에 앞서 자기부터 믿는다. 서울에서 지방으로 업체를 옮기려고 하면 엄마들이 가장 먼저 반대하고 나선다. 자녀 교육을 핑계대지만 사실은 자신을 못 믿기 때문이다. 엄마들의 반대를 무릅쓰고 기관을 옮겨도 엄마들은 대개 자녀와 함께 서울에 남는다. 지방 혁신 도시에 서울에서 가족이 이사한 경우는 20퍼센트 안팎이다. 그 대부분은 자녀가 어리거나 자녀를 대학에 보낸 경우다. 서울 엄마들이 똑똑한 척하지만 서울을 떠나 자식을 키울 자신이 없다는 말이다. 서울이 자녀 교육을 하는 데 유리한 까닭은 엄마가 똑똑해서가 아니라 교육 환경이 좋기 때문이다. 어디에 살든 엄마들은 교육을 외주 사업으로 생각한다. 그러니 외부 상황이 안 좋으면 자녀를 제대로 가르치지 못한다. 고수는 사는 곳을 불문하고 자녀 교육을 가족과 함께 수행한다.

엄마의 격은 어디에 사느냐가 아니라 무엇을 할 수 있느냐에 따라 갈린다. 자신과 자녀를 믿고 기다리는 능력에 따라 그 격이 달라진다. 고수는 자신을 믿고 앞으로 나아간다. 스스로 스승이 되어 자녀를 가르친다. 걸어 다니는 학교인지라 언제 어디서든 자녀를 제대로 가르친다. 천하가 뭐라고 하든 소신껏 자녀 교육을 한다.

지방에서 고수가 되려면 서울에 사는 엄마보다 자녀를 믿고 기다리는 힘이 더 강해야 한다. 지방의 교육 여건이 서울보다 열악하기 때문이다. 대신 지방 고수는 서울 고수보다 교육비를 적게 들이고 자녀를 훌륭하게 가르칠 수 있다. 그 자녀는 서울에 가서 자신을 믿고 공부하여 갈수록 듬직하게 자란다. 세계적인 천재 가운데 어릴 때 소도시에서 살다가 성인이 되면서 대도시에 가서 재능을 발휘한 경우가 허다하다. 인간은 자극을 감당할 만할 때 제대로 성장하기 때문이다. 한국에서 대통령과 대기업 창업주가 거의 모두 지방 출신인 것은 우연이 아니다. 분야를 떠나 열악한 환경에서 자신을 믿고 기다리면서 시작보다 지속을 중시한 사람이 크게 성공한다는 증거다.

고수는 맹모처럼 여러 지역을 다니며 자녀를 기른다. 다문화 시대와 국제화 시대에 맞게 자녀를 양육한다. 땅을 힘으로 여기는 엄마 가운데 고수는 드물다. 그곳을 떠나면 격이 추락하기 때문이다. 고수는 섬에서도 자녀를 바다처럼 가르친다. 스스로 선생이 되어 자녀를 믿고 기른다.

하수는 지방에서는 안 된다고 한다. 자기를 합리화하려고 지방에서 자녀 교육에 실패한 사례를 줄줄이 댄다. 사람에 따라 척박한 교육 조건이 비옥한 학습 여건이 되기도 한다. 나쁜 환경에서 공부하던 학생이 좋은 조건에서 자극을 받으면 날아오르기 때문이다. 지방에서 적절한 자극을 받다가 자라서 도시에 나가면 대성한다. 나는 그런 예를 많이 보았다. 미국에서도 흑인들이 그런 성공 경로를 밟는 사례가 많다. 미국의 오바마 대통령도 그런 경우로 볼 수 있다.

하수는 자신을 불신하고 공부를 안 하면서 사는 곳을 탓한다. 아빠를 원망하고 자녀를 나무란다. 지방에서는 안 된다고 하면서 지방 고수는 특별한 경우라고 치부한다. 그렇지 않다. 아빠의 경제력도 중요하나 똑똑한 엄마 아래 멍청한 아이 없다. 빵점 엄마가 백점 아이를 바라니까 문제가 생긴다. 아이는 엄마만큼 자란다. 고수는 조건을 만들어 가면서 자녀와 함께 자란다. 아니, 자신을 교육 환경이라고 생각하며 최고가 되려고 한다. 그러면 자녀가 좋은 환경에서 공부할 수 있기 때문이다.

엄마들은 돈 없으면 자식 농사를 못 짓는다고 한다. 엄마뿐 아니라 세상이 다 그런다. 맞는 이야기다. 그러나 동서고금을 떠나 자녀 교육에는 돈이 들었다. 실제로 부잣집 아이가 공부를 잘하며 외모도 준수했다. 개천에서 용 나오기 어려워진 것도 사실이다. 그러나 인생을 길게 보면 돈이 없는 게 나은 경우도 있다. 돈이 없었기 때문에 실력에 매달려야 했고, 그 덕분에 성공한 예가 즐비하다. 대입에서는 부자가 승리하지만 장기적으로 보면 빈자가 역전하는 사례도 많다.

자녀 교육의 핵심은 엄마다. 수도권에서 이사한 엄마들은 지방에 오자마자 학원부터 찾는다. 그들을 만나보니 그 품격이 지방 엄마와 다르지 않았다. 수준이 높은 척하지만 파고들면 바닥이 바로 드러났다. 반대로 지방 엄마 가운데 훌륭한 경우도 많다. 그들은 자신을 믿고 공부하여 자녀 교육에서 좋은 성과를 낸다. 올라간 높이로 가름하면 열악한 환경에서 고수에 오른 엄마가 좋은 배경에서 고수가 된 엄마보다 훌륭하다. 열악한 환경을 극복하고 고수가 된 엄마는 그 자체가 자녀에게 성공 사례가 된다.

엄마가 환경을 탓하지 않고 자녀를 도와주면 자녀는 갈수록 좋은 성적을 낸다. 자녀도 목표가 뚜렷하고 실천력이 강하기 때문이다. 고수는 자신과 자녀를 믿고 기다린다. 자신이 처한 환경에서 자녀의 공부 바탕을 다지는 데 최선을 다한다. 자녀의 공부 기초를 제대로 다지니 자녀는 클수록 공부를 잘한다. 교사와 친구에게 인정받으면 자신감이 생겨 더 열심히 공부한다. 그런 사람은 시련을 당해도 담대하게 극복하고 나아간다.

고수는 자기와 자녀를 죽을 때까지 믿고 기다린다. 자녀가 공부할 때 책을 읽는다. 낮에 일하고도 밤에 책을 한 줄이라도 보려고 한다. 일과 관련된 보고서를 읽어 자녀와 함께 자라려고 노력한다. 힘들어도 자녀에게 모범을 보이면서 자녀를 믿고 기다린다. 자녀가 어릴 때 보여주는 일이 중요한 줄 알고 본보기가 되려고 애쓴다. 무덤에서도 자녀를 가르치려는 자세로 살아야 하기 때문에 고수가 드문 것이다.

# 보이지 않게 돌본다

## 따뜻하게 바라본다

엄마가 자녀에게 하는 말 가운데 9할이 야단이요, 1할이 칭찬이라고 한다. 그만큼 엄마는 자녀를 못마땅하게 바라본다. 행동과학자들은 자녀 교육에서 꾸중과 칭찬의 비율이 1 대 4일 때 이상적이라고 주장한다. 자녀의 강점을 추키면서 잘못을 고치라는 말이다.

엄마가 부정적인 말을 많이 하니 아이들은 부정적인 사고를 장착하고 살아간다. 사춘기에는 엄마가 나무라면 반항하기도 한다. 물러설 곳이 없는 데다 엄마와 겨룰 만하다고 여기는 까닭이다. 엄마가 매를 들어도 중학생 아들이 손목을 잡으면 때리기 힘들다. 엄마를 힘으로 이긴 뒤로는 엄마를 깔보고 그 말을 무시한다. 엄마가 아이에게 부정적인 언어를 과용하여 얻은 업보다.

숙제를 안 했다고 야단치기 전에 "왜 숙제 안 했어?" 하고 물어보면 나무랄 일이 줄어든다. 숙제를 안 했다고 무조건 혼내면 아이는 마음을 닫는다. 아이도 사정이 생겨 숙제를 미룰 수 있으니 왜 숙제를 안 했는지 물은 뒤에 대응하면 좋다. 아이가 "하기 싫어서…."라고 말해도 혼내지 않아야 속내를 드러낸다. "누구를 닮아 그렇게 공부를 안 하냐?" 하는 식으로 물으면 안 된다. 질책성 질문에는 솔직하게 대답할 수 없기 때문이다. 그때 아이가 "엄마를 닮아서 그래!" 하고 말할 수 있겠는가.

야단보다 칭찬이 좋다. 문제는 칭찬이 야단보다 어렵다는 데 있다. 쉽다고 야단을 많이 쓰면 아이가 빗나간다. 야단은 칭찬보다 영향력이 크기 때문이다. 엄마는 잘하면 당연하게 생각하고 잘못하면 야단을 친다. 엄마의 엄마에게 야단을 맞으며 자랐기 때문에 엄마들은 칭찬을 하지 못한다. 우리는 그런 엄마 아래서 자라 칭찬보다 야단을 많이 쓴다. 우리나라 게시판 댓글을 보면 선플 1에 악플 4 비율로 달린다. 일본은 선플 4에 악플 1꼴이다. 우리가 남의 흠을 잡으며 사는 세상에서 살다 보니 사방에서 칭찬이 좋다고 해도 칭찬을 못한다. 칭찬하려고 마음을 먹어도 입이 안 떨어지는 데 견주어 흠을 보면 참으려 해도 저절로 입이 열려 야단을 친다.

칭찬하기 힘들면 자녀를 말없이 지켜보면 된다. 때로는 따뜻하게 바라보는 일이 칭찬보다 더 낫다. 칭찬도 보상의 일종인데 그것은 외적 보상이다. 그 보상은 대개 위에서 내린다. 그보다는 스스로 보상하는 내적 보상이 더 강하고 오래 간다. 다시 말해 자율적으로 행동하는 아이가 칭찬을 받으며 자라는 아이보다 크게 자란다. 더구나 외적 보상은 남이 주니까 내가 어찌할 수 없으나 내적 보상은 스스로 하는지라 언제 어디서든 줄 수 있다.

어머니는 나를 학교에 보내놓고 보이지 않는 데서 지켜보았다. 나는 학교생활에 적응하느라고 힘들었다. 특히 초등학교 3학년 올라가면서 분교에서 본교로 옮겼을 때 애를 먹었다. 가난한 촌놈이 새로운 환경에서 생존해야 했기 때문이다. 비슷한 상황을 대학에 가서도 겪었다. 시골 고등학교에서 나 혼자 전북대에 진학했기 때문이다.

지나고 보니 보이지 않게 돌보는 일이 좋은 교육이다. 부모가 합리적으로 방목하는 바람에 나는 혼자 살아남아야 했다. 그 덕분에 지금도 스스로 칭찬하고 격려하며 성장한다.

어머니는 환갑을 앞둔 아들이 저술하는 모습을 말없이 바라본다. 나는 대학을 나와 교직에 종사하다 교단을 떠나 여러 일을 하며 살았다. 대학생을 둘이나 둔 50대 가장이 경제 활동을 거의 안 하고 8년 동안 새로운 길을 걸었다. 자식농사는 한 번 거두고 가는지라 어머니는 지금도 나를 조용히 지켜본다. 속으로 6남매의 장남이 뭐하는 짓이냐고 생각할지 모르나 겉으로 말을 안 하고 기다린다. 나는 그 침묵을 가슴으로 들으며 오늘도 읽고 쓴다.

어머니는 작가로 사는 일이 녹록치 않다는 사실을 잘 모른다. 얼마나 힘들기에 박사학위를 받을 때보다 더 고생하는지 이해하지 못한다. 그 길을 가는 나를 믿고 지켜볼 뿐이다. 내가 쓴 『네 인생을 성형하라』를 읽고 어머니는 내가 군대에 있을 때 먹고살기 힘들어 면회를 한 번도 못 갔다고 고백했다. 내가 책에서 아들이 입대할 때 부모들이 따라

온 광경을 말하면서 내가 군대에 복무할 때는 부모가 한 번도 면회를 안 왔다고 서술한 대목을 읽고 하는 말이다. 무릎을 세 번이나 수술하여 잘 걷지도 못하는데 그렇게 나를 끌고 밀어준다.

고수는 자녀의 성적표를 받아들면 칭찬거리부터 찾는다. "아들, 영어가 많이 올랐네." 잘한 과목을 칭찬하여 못하는 과목도 잘하도록 한다. 칭찬은 고래도 춤추게 한다는 사실을 아는지라 강점을 칭찬한다. 영어를 잘하면 좋은 외교관이 될 수 있다고 조언한다. "열심히 노력하더니 좋아졌네." 하며 지능보다 노력을 칭찬한다. 재능을 칭찬하면 자녀가 재능을 믿고 게으름을 피울까 염려하기 때문이다.

고수는 칭찬을 잘하려고 칭찬에 대해 공부한다. 사람들은 야단친 뒤에 칭찬하는 것을 좋아한다. 그래서 뒤로 갈수록 칭찬의 강도를 높이거나 처음부터 끝까지 칭찬하는 게 바람직하다. 엄마들은 나무라는 데 도사니까 그 끝에 칭찬을 붙이면 멋진 칭찬이 된다. "수학은 떨어졌지만 국어는 올라갔네!" 하면 무난하다. 사람은 자신과 가깝고 자신에게 이로운 것을 기억하려고 하니까 끝을 칭찬으로 장식하면 좋아한다. 칭찬도 잘못 쓰면 독이 되니까 약이 되게 하려면 진단을 정확하게 하고 제대로 칭찬 처방을 해야 한다.

유대인은 아이에게 칭찬을 많이 하지만 아이들이 왕자병이나 공주병에 걸리지 않는다고 한다. 잘할 때만 칭찬하고 잘못하면 나무라기 때문이다. 신상필벌을 분명히 한다는 말이다. 칭찬이 좋다고 하여 당연한 일에도 칭찬하면 좋지 않다. 아이가 잘못해도 기를 살린다고 하여 내버려 두면 독이 된다. 아이가 버릇없이 굴어도 넘어가다 아이에게 맞고 사는 엄마가 꽤 있다.

고수는 자녀가 시행착오를 겪으면서 생존 능력을 기르기 바란다. 자녀를 놓아두니 일상생활을 하는 동안 문제해결능력을 함양한다. 운은 서울에서 자취하며 대학에 다닌다. 주소를 서울로 옮기고, 운전면허를 땄으며, 인턴 모집이나 직원 채용에 응모했다. 인터넷으로 면접 연습을 같이할 사람을 찾았다. 열악한 환경에서 힘을 기른다고 생각하며 나는 그 모습을 조용히 지켜보았다. 성패를 거듭하더니 졸업하는 해에 좋은 회사에 들어갔다.

대학생들은 상담사에게 흔히 "무엇을 어떻게 해야 할지 모르겠다."고 말한다. 상담사가 대안을 알려주면 실행할 방법을 물어본다. 길을 일러주어도 가지 못하고 엄마에게 다시 전화하여 어떻게 가는지 물어본다. 엄마들이 자녀의 일을 다 해결해주어서 그렇다. 그리고 보면 엄마가 자녀보다 오래 살아야 할 것 같다. 대학을 나올 때까지 엄마가 자녀를 새장에 가둬 두면 문을 열어 줘도 날개가 퇴화하여 날아가지 못한다. 그런 새가 포식자가 득실대는 세상에서 살아남을 수 있을까?


## 보이지 않는 손으로 보살핀다

하수는 자녀의 성격을 바꾸려 한다. 자녀가 내성적이면 외향적으로 고치려고 애쓴다. 자기가 내성적이어서 힘들게 살았다고 생각할수록 자녀의 성격을 개조하려 든다. 자기도 못 바꾼 성격을 자녀가 개조하기 원한다. 성격은 바꾸기 힘들뿐더러 바꿀 필요도 없다. 성격을 바꾸려고 하다 성격은 못 고치고 자녀를 무기력하게 만들기 일쑤다. 그러다 둘 사이에 앙금만 쌓인다.

사실은 내향적인 사람이 외향적인 사람보다 성적이 뛰어나다. 한 조사에 따르면 서울과학고생이 일반고생보다 내향적이다. 사업에서도 내성적인 사람이 성공할 영역이 늘어난다. 혼자 일할 수 있는 분야가 늘어나기 때문이다. 안철수도 내성적인데 컴퓨터 보안 사업에서 성공한 다음에 정계로 뛰어들었다.

엄마들은 내성적인 성격이 나쁘다고 생각한다. 한국은 인맥사회요, 지금은 자기 홍보시대인지라 내성적이면 사회에서 실패한다고 생각한다. 정작 국회의원의 70퍼센트는 자신이 내성적이라고 대답했다. 내향적인 성격을 바탕으로 사람들과 잘 지낸 덕분에 국회의원이 되었다는 말이다. 내향적인 사람은 대인관계에 서툰 듯해도 한번 사귀면 오래가기 때문이다.

문제는 자녀의 성격이 아니라 그에 대한 엄마의 태도다. 성격에 맞고 틀린 것이 없으며, 좋고 나쁜 것도 없다. 성격의 우열 또한 없다. 고수는 자녀가 성격 때문에 애를 먹으면 그에 맞는 길을 찾아준다. 자녀가 여려서 왕따를 당하면 정면으로 대결하라고 조언하기보다 그 마음을 어루만지고 다른 아이와 어울리는 길을 모색한다. 그렇게 문제를 풀다 보면 성격에 맞게 살아간다.

하수는 아이가 학교생활에 적응을 못할까 봐 학교에 자주 들른다. 처음에는 자녀가 좋아하나 갈수록 자녀는 자라지 못한다. 초등학교 고학년은 대부분 엄마가 학교에 오는 것을 싫어한다. 엄마가 자신을 믿지 못한다고 생각할뿐더러 지금까지 엄마가 따라다닌다고 아이들이 놀리기 때문이다. 내성적인 아이는 엄마가 언행을 지켜보면 엄마를 의식하느라고 위축된다. 내향적인 아이일수록 엄마가 보이지 않게 돌보아야 공부에 집중할 수 있다.

엄마가 자녀를 보호할수록 그 생존력은 떨어진다. 엄마가 과잉보호한 자녀는 작은 시련을 만나도 포기한다. 엄마를 벗어나지 못하고 일하려는 의지도 약하다. 어른이 되어서도 생활력이 없으니 엄마에게 의존해서 살아간다.

고수는 거리를 두고 자녀를 지켜본다. 자녀에 대한 보호를 줄여야 자녀가 빨리 자립한다고 믿는다. 자녀가 지원을 요청해도 거절할 때 엄마와 자녀가 함께 자란다. 한국 엄마는 자녀를 유럽 엄마보다 5년 안팎을 더 부양한다. 전업주부는 자녀를 오래 끼고 살려는 경향을 보인다. 엄마가 아이의 의존성을 키워놓고 미덥지 못하다고 하며 아이를 보내지 않으려고 하기 때문이다.


거인은 어릴 때 부모를 벗어나 혼자 위업을 이룬다. 정주영은 여러 차례 가출을 했다. 아버지가 강원도에서 서울까지 와서 집으로 데려가도 집을 나가곤 했다. 한 번은 집에서 거액을 훔쳐서 나오기도 했다. 그 돈으로 공부하여 성공하려고 했다. 자신을 믿고 성공을 확신했기에 부모의 반대를 무릅쓰고 네 번이나 집을 나가 성공 신화를 썼다. 그는 만인이 안 된다고 해도 밀어붙였다. 그는 아버지의 농사는 부정했으나 그 태도를 수용하여 성공했다. 젊을 때 아버지를 떠났으나 그 강점을 취하여 꿈을 이룬 것이다.

부모를 떠나 성공하려는 열망이 충만할 때 개천에서 난 용이 된다. 집을 떠난다고 하여 모두 성공하는 게 아니다. 열악한 조건에서도 남과 겨루어 이길 때 꿈을 이룬다.

정주영은 지방에서 서울에 진입한 수천만 명 가운데 가장 뛰어난 사람이 되었다. 열망과 능력이 그만큼 컸다는 이야기다. 그 힘을 그는 아버지에게 얻었다. 아버지는 농부로서 최고가 되려고 했다. 아들 정주영도 최고의 농부로 키우려고 했다. 그 뜻에 따라 정주영은 농사를 짓듯이 사업을 했다. 배, 집, 차를 상식을 초월하여 만들었다. 언제 어디서 무엇을 하든 그는 아버지처럼 부지런히 일했다. 만인이 안 된다고 반대해도 '이봐, 해봤어?'를 외치며 밀어붙여 해내고야 말았다.

정주영은 학력이 아니라 실력으로 성공했다. 그는 초등학교를 졸업했을 뿐이다. 당시에 그보다 학력이 좋은 사람이 즐비했으나 그는 능력으로 그들을 압도했다. 그는 성공에서 학력보다 능력이 중요하다는 사실을 입증했다. 그 부모는 가난했으나 자녀에게 보이지 않는 자산을 많이 물려주었다. 고수는 말이 아니라 발로 자녀를 가르친다. 부모에게 열망을 이루는 이치를 배운 정주영은 추진력과 결단력을 활용하여 뜻을 이루었다.

고수는 자녀가 스스로 문제를 해결하도록 한다. 그 자녀가 위기에 빠져도 스스로 헤치고 나오기 바란다. 아이가 넘어져도 일으켜 세우지 않는다. 자녀가 스스로 일어나는 습관을 기르려는 뜻이다. 지켜보다 일어나면 칭찬을 하여 자립심을 강화한다. 그 자녀는 넘어졌을 때 혼자 일어서는 것을 당연하게 생각한다.

　고수는 자녀가 공부를 못해도 재능을 펼칠 곳이 있다고 믿는다. 서른 살이 넘도록 자녀가 밥벌이를 못 해도 다그치지 않는다. 자녀가 시행착오를 겪으면서 자랄 때 보이지 않는 곳에서 조용히 응원한다.

　빨리 출발하여 힘차게 달리는 것보다 늦게 나서 꾸준히 걷는 전략이 더 낫다. 자세히 탐색한 뒤에 천천히 시작하는 길에서 더 많은 열매를 맺기 때문이다. 출발이 늦은 만큼 분발하면 의욕이 높아 좋은 결과를 얻을 수 있다.

# 고개 뒤에서 박수 친다

## 고난을 디딤돌로 여긴다

홀어머니 고수가 키운 자녀는 철이 빨리 든다. 자녀들이 엄마와 함께 살아남으려고 힘쓰면서 삶을 배우기 때문이다. 엄마는 자녀가 잘살기를 바라고, 자녀는 엄마에게 성공을 보여주려고 애쓴다. 엄마와 자녀가 서로 가장이라고 생각하며 가정을 일으킨다. 아비 없는 자식이라 싸가지가 없다는 말을 듣지 않게 하려고 엄마는 자녀에게 예절을 강조한다. 스스로 흐트러진 모습을 보이지 않으려고 노력한다. 어려운 가운데서 세상살이를 배운 터라 그 자녀는 갈수록 잘나간다.

엄마에게 가장 큰 시련은 아빠의 죽음이다. 고수는 고난을 딛고 아빠 노릇까지 해낸다. 시련을 발판으로 삼아 자녀와 함께 성장한다. 그런 고수 덕분에 꿈을 성취한 자녀가 이 땅에 널려 있다. 홀어미 고수 아래서 자라 성공한 자녀들은 엄마를 신처럼 섬긴다. 그런 경험을 하지 않아 그 마음을 이해하지 못했는데 두 아들을 성인으로 키워놓고 보니 그럴 만하다는 생각이 든다. 그런 엄마는 아빠와 함께 자녀를 키운 엄마보다 훨씬 더 고생했을 것이기 때문이다.

하수는 아빠에게 비전이 없으면 자녀를 두고 집을 나간다. 고난을 아빠와 함께 넘기는커녕 아빠가 열심히 살아도 가출하기도 한다. 자녀를 통해 꿈을 이루기보다 스스로 행복을 찾으려 한다. 그 자녀는 가장 믿어야 할 엄마에게 배신을 당했기 때문에 누구도 믿지 않는다. 당연히 사회생활을 정상적으로 영위하지 못한다.

혼자 사는 엄마가 자녀를 과잉보호하다 실패하는 경우도 있다. 인간은 고통을 싫어하고 쾌락을 좋아하여 엄마가 어려움을 없애줄수록 자녀는 엄마의 고통을 외면하고 더 편하게 살려고 한다. 그런 아이는 성인이 되어서도 고비를 맞으면 주저앉는다. 힘들게 취업을 해놓고도 상사가 싫은 소리를 하면 직장생활이 생각과 다르다고 하면서 사표를 낸다. 직장에서 갈등을 해결하지 못하다 보니 이리저리 옮겨 다니다 제 밥벌이도 못한다.

하수는 자신은 고난을 겪으며 인생을 배워 놓고 자녀에게는 고생하며 인생을 단련할 기회를 안 준다. 자녀가 말하면 하인처럼 무엇이든 다 들어준다. 아이가 "엄마, 내가 배고프다고 했지!" 하면 먹을 것을 바친다. 아이는 고생을 모를뿐더러 엄마 위에 군림하며 자란다. 그 버릇이 평생 가는지라 자녀는 성인이 되어서도 조금만 힘들면 엄마를 찾는다. 자식이 벼슬이나 되는 것처럼 권위적으로 문제를 해결해달라고 요구한다. 고수는 자녀를 강인하게 키운다. 자녀가 절박하여 도와 달라고 하면 이자를 받고 돈을 빌려준다.

박현주 미래에셋 회장의 어머니 김유례는 박 회장이 16세 때 남편을 여의고 홀로 네 남매를 키웠다. 박현주는 사춘기에 아버지를 잃고 방황하다 어머니가 혼자 집을 끌어가는 모습을 보고 열심히 공부했다. 고려대에서 경영학을 전공하던 박 회장은 어머니가 준 돈을 주식에 투자하여 어머니에게 13억 원을 돌려주었다. 어머니는 위기를 대비하여 그 돈으로 땅을 사두었다. 박 회장이 대학을 나와 증권회사에 근무했는데 영업실적이 나빠 어머니에게 생활비를 요구한 적이 있었다. 어머니는 아들에게 돈을 빌려주면서 17퍼센트의 금리를 받았다. 당시은행 이자에 해당하는데 아들에게 고리대금업을 했다고 할 만하다. 박현주는 어머니의 깊은 뜻을 헤아리고 그 조건을 받아들였다. 그는 세상에 공짜가 없으며 남의 돈에는 잠잘 때도 이자가 붙는다는 사실을 절감했다. 이자를 줄 때마다 부모에게도 돈을 빌리면 노예가 된다고 생각했다. 그는 되도록 남에게 돈을 빌려주려는 사람이 되려고 노력했다.

박 회장은 지금도 어머니의 가르침을 생각하며 남의 돈을 관리한다. 그는 어머니가 사둔 땅을 팔아 미래에셋을 창업했다. 어머니에게 경영 철학과 사업 자금을 받아 사업을 시작한 셈이다. 실제로 그는 미래에셋 지분의 반은 어머니 몫이요, 나를 키운 멘토는 어머니라고 하였다. 어머니에게 경영 수업을 혹독하게 받은 덕분에 거인이 되었다고 인정한 것이다.

하수는 자식에게 어떻게 이자를 받느냐고 이야기한다. 머리에 자식에게 돈을 빌려준다는 개념이 없으니 자식도 부모에게 돈을 빌려도 갚으려고 하지 않는다. 부모가 자녀에게 경제관을 잘못 심어 돈 때문에 자식과 갈등하는 집이 즐비하다. 부모의 노후자금을 빌려서 창업을 해놓고 부모의 돈을 갚으려고 노력하지 않다 보니 장사를 되는 대로 한다. 당연히 치열한 시장에서 살아남지 못한다. 자녀가 망한 다음에 엄마가 땅을 치고 후회해도 돈을 받지 못한다. 부모와 자식이 함께 추락하면서 둘 사이도 멀어진다.

영구차 기사에게 들으니 차에서 형제끼리 싸우는 모습을 가끔 본다고 하였다. 열에 아홉이 돈 때문에 싸운다고 했다. 부모 재산과 조의금을 한 푼이라도 더 가져가려고 다른 사람이 보는 데서 다툰다. 한번은 버스 안에서 형제끼리 주먹다짐을 하다 응급환자가 생겨 장의차를 몰고 인근 병원으로 갔다고 한다. 심지어는 조의금을 놓고 자식들이 다투면서 장례식장비를 치르지 않아 장의차가 오후에 출발한 적도 있었다고 한다. 장례가 끝나고 어떤 일이 일어날지는 불을 보듯 뻔하다. 부모가 자녀에게 경제 교육을 잘못한 집안일수록 자녀들은 부모의 시체가 식기도 전에 돈부터 챙기려고 신경전을 벌이는 것이다.

고수는 되도록 자녀와 금전거래는 안 한다. 특히 퇴직금이나 노후자금을 자녀가 노리지 못하게 한다. 부득이 자식에게 돈을 빌려줄 때는 상환이나 이자에 대해 명확하게 약정한다. 자녀가 돈에 엄마의 피땀이 어린 줄 알아야 빚을 갚으려고 열심히 일하기 때문이다. 그 자녀는 엄마 돈을 마중물로 이용하여 집안을 일으킨다. 엄마가 가정 경영을 냉정하게 하여 위기를 극복하고 자녀와 상생하게 된다.

인생은 몸, 돈, 때를 관리하는 일이다. 그 자원을 관리하는 일이 삶의 핵심이다. 엄마가 본을 보이면 자녀가 자신은 물론 타인도 관리하는 능력을 길러 최고경영자에 오른다. 그들이 바로 사업가들이다.

박현주의 어머니는 젊을 때 혼자되어 4남매에게 절제와 절약을 몸으로 보여줬다. 박현주는 그 어머니를 보고 경영 원리를 터득했다. 상승기와 하강기에 적절하게 대응해야 성공한다는 이치를 어머니에게 배웠다. 그 어머니는 아들의 고난을 넘겨주면서 돈에도 품격이 있다는 사실을 일깨워주었다. 박 회장은 사업이 부침할 때 돈을 어떻게 다뤄야 하는가를 어머니에게 배워 금융 사업을 일으켰다. 엄마가 명문대에서 경영학을 전공한 아들에게 경영의 진수가 무엇인지 일러주었다. 거인은 거모 아래서 나오는 법이다.

고수는 자녀가 고개를 넘은 뒤에 안 보이는 곳에서 박수를 친다. 자녀를 거인으로 만들려고 자녀가 패배를 딛고 일어서면 조용히 칭찬한다. 자녀가 교만해질까 봐 자녀에게 고개 뒤에는 또 다른 고개가 있다고 일러준다. 바다처럼 깊고 넓어 자녀가 잘나간다고 요란을 떨지 않는다. 세상이 언제나 오늘 같지 않다고 조언한다.

고수는 자녀가 넘는 고개를 디딤돌로 생각한다. 실패를 딛고 성공한다고 보기 때문이다. 그 자녀는 고난을 건너 성공한다. 덕분에 오랫동안 성공 가도를 달린다. 실패한 만큼 성공하는지라 고수는 자녀가 실패를 극복할 때 그 뒤에서 조용히 응원한다.

## 고비를 맞으면 밀어준다

엄마들은 자녀의 대학 입시에 목숨을 건다. 그러다 보니 자녀는 대입에 실패하면 인생을 망친 줄 안다. 하수는 그런 자녀에게 찬물을 끼얹는다. "내 말 안 듣더니 꼴좋다!"고 하는 것이다.

고수는 자녀가 고비를 넘을 때 힘을 준다. 자녀가 대학에 떨어져도 넘어진 만큼 자란다고 격려한다. 그 자녀는 고난을 극복하는 능력을 기른다. 그 힘이 쌓여 갈수록 저력을 발휘한다.

자녀 교육의 목표는 자녀 독립이다. 자녀가 스스로 고비를 넘도록 해야 그 목표를 빨리 이룬다. 고난을 헤치다 보면 정상에 오를 힘을 기르게 된다. 고수는 자녀가 혼자 고난을 이기도록 한다. 실패에 대응하는 길을 일러주고 스스로 문제를 풀게 한다. 자녀가 혼자 문제를 풀어 보면 자신감이 생겨 다른 위기도 극복하기 때문이다.

요즘은 국가까지 나서 아이 앞에 있는 걸림돌을 없애준다. 이를테면 당국은 수능 문제를 쉽게 낸다. EBS 교재에서 수능 문제의 70퍼센트를 출제하여 생각할 여지를 줄여 준다. 오늘날 국어 문제집은 고전 원문과 현대 번역문을 같은 쪽에 싣는다. 십 년 전에는 고전 원문을 그대로 제시하고 어려운 어휘만 뜻을 밝혀 놓았다. 당시 학생들은 원문을 해석하느라고 머리를 싸매고 고생했다. 이제는 고전 원문을 현대문으로 옮겨놓은 책도 나온다. 고전을 읽으면서 생각할 필요조차 없게 만들었다.

그래서일까. 요즘 학생들은 생각 자체를 싫어한다. 논술마저 암기하여 쓰려고 한다. 두 시간 동안 논술을 쓰면 머리가 빠진다고 호소한다. 논술을 쓰다가 생각이 막히면 바로 스마트폰을 들여다본다. 그러면 사고력이 퇴화한다고 해도 검색하느라고 글을 못 쓴다. 영상 문화 때문에 사고가 파편화하여 수재들도 1,000자를 쓰는 데 애를 먹는다. 십 년 전에는 범재들도 2,000자를 가볍게 썼다. 학생의 부담을 덜어준다는 미명 아래 학생들의 실력을 저하시킨 결과가 이렇다. 그렇지 않아도 사고력을 떨어뜨릴 요소가 많은데 교육마저 그를 부채질한다.

2018학년도부터 수능 영어를 절대평가로 바꾼다고 한다. 사교육비와 학습 부담을 줄이겠다는 뜻이다. 21세기에는 창의력과 사고력이 중요하다는 측면을 고려할 때 바람직하지 않다. 정치가 교육을 압도하다 보니 교육의 본질을 훼손한다. 표를 얻으려고 평등주의를 중시하여 나라의 장래를 망치는 것 같다.

실력은 문제를 놓고 고민할 때 쌓인다. 고수는 자녀가 스스로 생각해서 문제를 풀도록 한다. 자녀에게 생각할 부분이 많은 문제집을 권한다. 모르는 어휘가 나오면 사전을 찾으며 공부하라고 조언한다. 힘들게 공부해야 오래간다고 생각하기 때문이다. 유대인 가운데 천재가 많은 까닭을 그들이 오감을 이용하여 힘들게 공부한다는 사실에서 찾는 사람이 많다.

선진국에서는 대입에서 작문 시험을 치른다. 우리는 객관식 문제마저 쉽게 낸다. 그러면서 국제 경쟁력을 말한다. 머리를 쓰지 않고 어떻게 세계적인 영재들과 겨루어 이길까?

고수는 자녀에게 유망한 분야로 나가라고 조언한다. 대학을 나와 몇 년 고생하더라도 전망이 밝은 길로 가자고 말한다. 위험을 무릅쓰고 나아가야 비전이 있다고 보기 때문이다.

운이 기업에만 취업하려고 하는 것 같아 왜 공직이나 공사에는 원서를 넣지 않느냐고 물으니 그런 곳은 하는 일이 없어 안 간다고 하였다. 건국대에 다니는데 명문대생이 선호하는 기업에 원서를 넣을 때 겁나지 않느냐고 하니 무섭지 않단다. 명문대생을 많이 만나보았는데 겨룰 만하다고 하였다. 엄마는 뜻밖이라고 했다. 내가 좌충우돌하며 살고 기업가를 예찬해서 도전적으로 살려고 하는지 모르겠다. 나는 운의 태도를 높이 산다. 적극적인 사람이 뭔가 이루기 때문이다.

마침내 운은 명문대생이 최고로 열망한다는 회사에 취업했다. 기업에서 간판이나 스펙보다 실무역량을 중시하는 바람에 좁은 문을 통과한 듯하다. 연수나 인턴을 해본 적이 없지만 공모전에 나가 수상했고, 학교 동아리에서 역량을 쌓았는데 그게 통한 것 같다.

직장생활은 생각보다 길며 세상은 날로 변한다. 고수는 자녀의 십년 뒤를 보고 진로를 결정한다. 자녀가 되도록 새로운 길로 가게 한다. 힘에 부쳐 고비를 맞으면 밀어준다. 젊을 때는 쓰러져도 조금만 도와주면 재기하니 길을 내면서 가라고 권한다.


김진애는 서울대 공대에서 살아 있는 전설로 통한다. 동기 800명 가운데 유일한 여학생이었기 때문이다. 그는 남학생 숲에서 건축학을 전공하여 그 길에서 살아남았다. 그는 1994년 타임지가 선정하는 '21세기 리더 100인' 가운데 유일한 한국인에 올랐다. 각종 사업에 참여하고, 국회의원을 지내는가 하면 창업하여 도시기획가로 일한다.

그가 공대에 입학할 때만 해도 여자 공대생 자체가 뉴스였다. 그런 점에서 그는 선견지명이 있다. 그는 걸어 다니는 간판이었으니 대학에 다닐 때부터 남학생보다 유리한 고지를 점령한 셈이다. 대학을 나와 그가 일한 곳은 대부분 남성이 들끓는 곳이다. 거기에서도 존재감을 과시하며 남성성을 보완하여 양성성兩性性을 갖추었다. 그런 점이 직장 생활과 결혼생활에 유리하게 작용했을 것이다. 그게 자녀 교육에도 도움이 되지 않았을까?

그 엄마 또한 대단하다. 여자는 교사나 약사가 최고라고 하던 시절에 딸이 남자 천지로 가는 것을 용인했기 때문이다. 고수는 자녀를 남들이 가지 않는 길로 보낸다. 역량을 펼칠 기회가 많은 분야를 자녀에게 권한다. 하수는 비슷한 무리와 휩쓸려 다닌다. 죽어도 함께 죽으면 덜 불안하기 때문이다. 불안을 분산하려고 많은 엄마들이 가는 대로 간다. 그러니 자녀도 남들이 가는 곳으로 가라고 한다. 고수 중에서도 그런 엄마가 많아 자녀가 공부를 잘하면 전문가가 되라고 한다.

고수는 고난이 닥쳤을 때 자녀에게 의연한 모습을 보여준다. 그런 엄마를 보고 자란 자녀는 고난을 넘어 꿈을 이룬다. 70대 후반인 어머니는 여러 차례 수술을 했다. 수술실에 들어갈 때 아무 말을 안 해도 나는 그때마다 빨리 자립하겠다고 다짐했다. 50대 가장으로서 밥벌이하는 작가가 되려고 어머니의 수술 상황을 알려주는 전광판을 바라보듯이 지금도 컴퓨터 화면을 응시하며 글을 쓴다. 아들이 넘는 고비를 말없이 지켜보는 어머니를 생각하며 고개를 넘는다. 고개 너머에서 박수 치는 어머니를 떠올리며 오늘 하루를 올라간다.

내가 자취하며 대학에 다닐 때만 해도 혼자 집주인을 만나 임대계

약서를 쓰곤 했다. 요즘 대학생 자녀에게는 엄마가 그럴 기회를 주지 않는다. 아들의 방을 가족이 함께 얻으러 다녔으니 나는 역시 보통 아빠다. 그러다 옛날의 나처럼 혼자 방을 얻으러 다니는 학생을 보았다. 그를 보니 옛날이 떠올라 부끄러웠다. 오늘도 고수는 자녀가 스스로 하도록 놓아두고 뒤에서 지켜보고 있었다. 자녀가 스스로 고개를 넘도록 하고 보이지 않는 곳에서 박수 칠 때 자녀가 자란다고 생각하는 까닭이다.

제2장

# 현실에
# 맞게
# 살아간다

# 있는 그대로 받아들인다

## 자녀의 재능을 살려준다

아이에게 장애가 있으면 엄마는 절망한다. 내가 전생에 무슨 죄를 지었나, 부모가 반대한 결혼을 감행해서 받는 천벌인가. 자신을 돌아보고 두 집안을 살핀다. 그러다 엘리자베스 퀴블러 로스가 말한 죽음의 수용 단계를 따라 현실을 인정한다. 처음에는 아들의 장애를 부인한다. 다음에는 하필이면 내 아이냐고 하면서 분노한다. 화가 통하지 않으면 절대자에게 내 자식의 장애를 없애주면 목숨을 바치겠다고 매달린다. 막판 협상마저 결렬되는 순간 자녀에 대한 기대를 내려놓는다. 아이를 있는 그대로 받아들이는 것이다.

엄마는 아기가 천재이기 바란다. 희망과 달리 아이는 거의 모두 범재다. 집에서는 천재인가 착각을 일으키지만 유치원에 가자마자 엄마를 실망시킨다. 다른 아이에게 뒤지는 부분이 많기 때문이다. 있는 그대로 받아들이려고 해도 자꾸 있어야 할 게 떠오른다. 장애아를 키우는 엄마라면 정상아만 보아도 부럽다. 그는 교사, 보호자에 이어 간호사가 되어야 한다. 그만큼 자기 인생을 많이 포기해야 한다. 그나마 소득이 없으니 원통하다.

딸만 일곱을 둔 엄마가 다시 애를 낳다가 고추라는 말을 듣는 순간 정신을 잃었다고 한다. 그 흔한 고추 때문에 자신은 말할 것도 없고 죄 없는 딸들도 천대를 당했던 것이다. 그에게 고추 말고는 더 바랄 게 없었다. 막상 아들을 낳자 다른 집 아이가 보이기 시작했다. 그들보다 내 아이가 잘되기 원했다. 아들에게 기대를 걸자 아이를 있는 그대로 보지 못했다. 기대한 만큼 있어야 할 게 생겼기 때문이다.

왜 그리 자녀를 있는 그대로 받아들이는 못하는가. 엄마의 욕망에 한이 없기 때문이다. 출산할 때는 사지만 멀쩡하면 좋겠다고 생각한다. 신체가 정상이면 공부를 잘하기 바란다. 학교에서 수석을 하면 한국 최고가 되기 원한다. 엄마가 하늘에서 내려다보니 아이가 초라하게 보인다. 엄친아와 비교할 때 빠지는 곳이 너무 많아 속이 상한다. 살아 있는 동안 욕망을 잠재울 길이 없는지라 자녀의 현실을 용납하지 못한다. 자녀에 대한 욕망은 자녀를 경제적인 입장에서 보니까 생긴다. 자녀에게 최소로 투자하여 최대로 생산하고 싶은 것이다.

자녀 교육은 욕망의 사다리를 타고 하늘에서 땅으로 내려오는 일이다. 현실을 냉혹하게 수용하면 그만큼 헛수고를 덜 한다. 아니, 바닥에서 시작하여 저 높은 곳을 향하여 올라가면 더욱 좋다. 신나게 살면서 성공하기 때문이다.

학교에 가면 교사들이 아이를 성적으로 평가한다. 그에 따라 엄마의 격을 매긴다. 실제로 자녀의 성적은 엄마의 능력에 비례한다. 교육 현장에서 보면 수재의 엄마는 목소리가 크고 모습이 당당하다. 자녀가 공부를 못하면 학교에 나타나지도 않는다. 성적이 기대보다 낮으면 엄마는 자녀를 혼낸다. 겉으로는 너 잘되라고 하지만 속으로는 내 기대를 채워달라고 외친다. 자녀는 엄마의 압박에 시달릴수록 공부를 못한다. 시험이 다가오면 걱정하느라고 공부에 집중하지 못한다.

고수는 자녀를 통해 자신을 돌아본다. 자녀의 성적이 낮을수록 입을 다물고 책을 읽는다. 자녀도 엄마를 따라 공부한다. 자녀가 시험을 잘 보아도 담담하게 지낸다. 자녀는 칭찬을 기대하지 않고 스스로 공부한다. 성적이 떨어져도 나무라지 않으니 자녀는 실패를 만회하려고 공부에 매달린다. 그 자녀는 갈수록 공부를 잘한다.


엄마가 아이를 손님으로 생각하면 집착과 기대가 줄어 객관성을 유지할 수 있다. 자녀에게 말도 조심할뿐더러 마음에 안 들어도 대접한다. 잔소리를 안 하고 자녀 말을 들으니 자녀도 입을 연다. 엄마가 자기 말을 존중하니 그에 보답하려고 공부하게 된다. 자녀를 투자 대상으로 보지 않기에 공부를 안 해도 화를 참을 수 있다. 무엇보다 반가운 일은 언젠가 손님은 떠난다는 사실이다. 자녀 독립이 자녀 교육의 궁극적인 목표라는 점에서 이보다 좋은 선물이 있을까?

서울에서 대학에 다니는 아들이 명절 같은 때 집에 오면 애 엄마는 아주 좋아한다. 처음에는 음식을 장만하여 손님처럼 극진하게 대접한다. 하지만 며칠이 지나면 불편하게 생각하며 은근히 가기를 바란다. 막상 떠나면 전화를 자주 건다. 두 아들은 용돈이나 떨어져야 전화하는데 애 엄마는 심심하면 아들에게 전화를 건다. 애들 소식이 궁금하면 엄마에게 확인하면 된다.

요즘 들어 아들을 애인처럼 생각하는 엄마가 늘어난다. 아들에게 기대어 살다 보니 아들과 헤어지기 힘들어한다. 엄마가 자녀의 자립심을 길러주지 못하여 아들도 엄마에게 의존한다. 서로 의지하다 보니 이별을 못한다. 엄마가 아들을 손님이 아니라 애인으로 생각하여 그런 일이 생긴다. 이로 보아 자녀 교육은 엄마가 홀로 서는 일이기도 하다. 고수는 그 일에도 뛰어나다.

고수는 자녀의 재능을 알아보고 그것을 살려준다. 김연아도 엄마가 재능을 계발하도록 도왔다. 그 엄마 박미희는 '연아는 내 전공'이라고 말한다. 그녀는 딸을 피겨 스케이팅의 길로 이끈 뒤로 이십 년 넘게 딸과 함께 빙판을 달렸다. 그 결과 딸을 세계 최고로 만들었다. 그녀는 『아이의 재능에 꿈의 날개를 달아라』에서 이렇게 말한다.

"부모는 아기가 스스로 잘하고자 하는 마음이 들도록 환경을 만들어주고, 자극을 주어야 해요."

우리는 김연아의 아빠가 누군지는 모른다. 그 아빠는 보이지 않는 곳에서 엄마가 자녀에게 환경을 만들 수 있도록 후원해주었기 때문이다. 아니, 아버지가 모녀를 있는 그대로 보았기에 엄마가 딸의 재능을 살릴 수 있었을 것이다.

위인은 하늘이 아니라 땅에서 엄마와 함께 태어난다. 엄마가 자녀의 재능을 찾아서 자녀와 함께 가꿀 때 스타가 탄생한다. 고수는 자녀가 위기에 처하면 좌절에서 벗어나도록 도와준다. 자신과 자녀에게 엄격한 터라 실패를 딛고 재능을 키운다. 김연아는 고난도 묘기를 익히느라고 엉덩방아를 수없이 찧었으나 그때마다 엄마와 함께 다시 일어났다.

하수는 재능을 타고나야 스타가 된다고 믿는다. 자녀의 IQ가 좋으면 출세할 줄 안다. 그렇다면 그 많던 천재들은 다 어디로 갔는가. 여러 연구에 따르면 어릴 때 천재로 불리던 사람들은 대부분 범재로 살아간다. 엄마가 만든 천재 가운데 위대한 업적을 낸 사람은 거의 없다. 더러는 다중지능을 말하지만 지능을 나누려는 시도 자체를 비판하는 학자도 있다. 지능을 총체적인 능력으로 보는 것이다. 하수는 자녀를 기존의 틀에 가두어 재능을 죽인다. 걸핏하면 자녀의 능력을 계량화하고 유형화하려고 한다. 한국 엄마처럼 혈액형을 따지는 엄마가 세상에 또 있을까.

고수는 지능과 재능을 상보적인 요소로 본다. 그 능력을 향상시키려고 자녀가 공부에 집중하고 게임을 절제할 때 박수를 보낸다. 어릴 때부터 자녀가 자기를 관리하며 공부에 몰입하도록 한다. 성공은 노력과 절제에 달려 있다고 보는 까닭이다.

고수는 자녀가 일반고에서 공부를 잘해도 서울대에 가려면 더 노력해야 한다고 생각한다. 그는 전국에 고등학교가 2,000여 개가 넘는데 특목고와 자사고가 100여 곳이라는 사실을 알기 때문이다. 서울대 신입생의 반을 특목고와 자사고 출신이 차지한다. 요즘 들어 지방 일반고에서 서울대 지역균형선발에 합격하는 학생이 급감한다. 서울대가 수능 최저 학력을 높였기 때문이다. 지방 일반고에서는 1등을 해도 그 조건에 걸려 탈락하기 쉽다. 고수는 현실을 알고 자녀가 내신은 물론 수능에 대비하도록 한다.

교육현장에서 엄마가 자식을 천재라고 하는 경우를 꽤 보았다. 그 자녀가 정말 뛰어난 경우는 거의 없었다. 엄마에 견주어 한글을 빨리 읽으면 자녀가 천재인 줄 안다. 자기 집안을 기준으로 보는 데다 자녀를 과대평가하여 착각을 한다. 제삼자가 다른 아이와 비교해 보면 평범할 뿐이다. 정작 수재를 둔 엄마들은 자녀를 직시한다. 그 안목이 냉혹하여 자녀와 함께 소망을 성취한다.

## 현실을 냉정하게 수용한다

엄마가 영재라고 하던 유치원생의 9할은 초등학교를 졸업하기 이전에 범재가 된다. 미성취영재의 비율 곧 영재에서 범재가 되는 비율이 한국은 미국보다 훨씬 높다. 그만큼 한국에는 자녀를 영재로 착각하는 엄마가 많다. 자신을 있는 그대로 못 보니 자녀의 현실도 냉철하게 수용하지 못한다.

엄마가 흔들리니까 중학생 때까지 영재성을 보이는 아이도 재능을 계발하지 못한다. 한국에는 8개의 영재학교가 있는데 대부분 과학고다. 그 정원이 800명 안팎이다. 그들을 영재로 볼 만하다. 그 중에도 물론 엄마가 만든 영재가 많다. 진짜 영재도 엄마 때문에 재능을 살리기 힘들다. 엄마가 현실을 직시하지 못할뿐더러 자녀에게 특정한 분야로 가라고 강요하기 때문이다.

한국에서는 스티브 잡스가 나오기 어렵다. 스티브 잡스처럼 대학도 안 나온 양자가 진출할 영역이 드물다. 그처럼 영리하면 친모와 계모를 떠나 의사가 되라고 말한다. 영재가 의대를 그만두고 창업한다고 하면 친모든 계모든 반대한다. 이 땅에서는 영재도 엄마 때문에 그 재능을 보존하기 어렵다. 엄마가 자녀의 재능을 있는 그대로 받아들이지 않기 때문이다. 미국과 조건이 다른 터라 한국 엄마를 이해할 부분도 있다. 사람들이 재능을 안전한 분야에서 발휘하기 바라니 엄마도 자녀가 그렇게 살기 바란다. 재능으로 새로운 지평을 열다가 실패하면 엄마와 자녀가 감당하기 어렵기 때문이다.

하수는 아이가 아빠 얼굴을 빨갛게 그리면 왜 그랬느냐고 묻는다. 자녀가 마음대로 표현했는데 그 의미를 캐내려고 윽박지른다. 아이가 그림으로 표현한 영역을 언어로 구사하지 못해 "나도 몰라!" 하면 엄마는 자기 마음대로 그림을 해석한다. 아이가 색연필 가는 대로 그린 그림을 제 멋대로 짐작하여 나무란다. 아이는 아빠의 열정을 표현했는데 엄마는 취기나 분노로 해석하는 것이다. 얼굴을 무슨 색깔로 칠하든 그냥 놔두어야 아이가 잠재력을 발휘한다. 아이의 표현 욕망을 엄마 프레임에 가두면 그 재능은 질식하여 죽는다. 자녀의 영재성은 아이를 내버려 둘 때 자란다. 아이가 아빠의 취한 모습을 그렸다고 하더라도 혼내지 않아야 재능을 살릴 수 있다. 슬프게도 하수는 자기 잣대에 맞추어 자녀의 재능을 재단한다. 아이는 엄마에게 의존하여 사니 엄마에게 대응할 길이 없다. 솔직하게 말했다가 야단을 맞을 테니 생각을 마음대로 드러내지 못한다. 엄마의 눈치를 살피느라고 자신의 재능을 살리지 못하는 것이다.

고수는 현실을 냉정하게 수용한다. 자녀의 성적이 떨어져도 있는 그대로 받아들인다. 자기 인생을 희생하였더라도 자녀를 원망하지 않는다.

엄마는 자녀의 성적에 만족할 줄 모른다. 한 고교생은 엄마가 전국에서 1등을 하라고 때리자 성적표를 고쳤다. 그게 밝혀질까 두려워 엄마를 죽이고 말았다. 그 재판을 사춘기 자녀를 둔 50대 엄마 조경란 서울고법 부장판사가 맡았다. 그 재판장이 판결문을 읽다가 감정에 복받쳐 울자 방청객 일부도 눈물을 흘렸다고 한다. 그 광경을 엄마가 하늘에서 내려다보며 무슨 생각을 했을까?

엄마는 자녀의 성적을 있는 그대로 받아들이기 힘들다. 자녀의 성적이 자기가 기대하는 수준에 미치지 못할뿐더러 자녀에게 투자한 자원에 견주어 낮다고 생각하기 때문이다. 그 성적에 따라 자신의 격이 갈리니 현실을 인정하기 싫은 것이다.

고수는 자녀가 대입을 코앞에 두었을 때도 자녀와 자신을 똑바로 바라본다. 자신과 자녀에게 엄격하여 다급해도 흔들리지 않는다. 그는 평소에도 부족한 부분을 능력으로 보완하려고 애쓴다. 심리적 기반이 견고해 자녀의 인생을 가르는 시험이 다가와도 담담하게 산다.

고수는 현실을 그대로 받아들인다. 서울대가 정시 비율을 40퍼센트에서 20퍼센트로 줄인 적이 있다. 대입을 몇 달도 남기지 않고 전형방식을 바꿨다. 20년 동안 애태우며 준비한 수만 명의 꿈을 서울대가 무참히 짓밟았다. 한 학생이 정시를 겨냥한 엄마 때문에 인생을 망쳤다고 엄마를 원망했다. 엄마의 말을 따랐다가 낭패를 당했다는 말이다. 그 엄마는 자녀에게 배신감을 느꼈지만 화를 내는 게 누구에게도 도움이 안 된다고 생각하여 참았다. 대입은 성과로 말하는 길이니 할말이 없기도 했다.

자녀가 대학에 들어갈 때까지 엄마와 자녀는 불안한 길을 걸어간다. 겨냥했던 길이 좁아지고 자녀가 원망하면 하소연할 곳도 없다. 그럴 경우에도 고수는 새로운 현실에 대응하며 나아간다. 그런 엄마를 보고 자녀가 바닥을 차고 올라가 거인이 되기도 한다. 현실을 수용한 뒤에 자녀와 함께 다시 시작하여 화를 복으로 바꾸는 수도 있다.

고수는 현실을 인정한 다음에 대안을 찾는다. 자녀가 공부한 양을 과대평가하지 않고 엄친아의 공부 시간도 과소평가하지 않는다. 현실을 직시하고 자녀에게 직언을 해서 성적을 올리도록 한다.

고수는 자녀를 있는 그대로 본다. 눈물을 머금고 실상을 인정한다. 자신과 자녀의 현실을 냉정하게 보는지라 자신과 자녀의 조건에 맞게 대응한다. 환상을 가진 엄마보다 자원을 경제적으로 사용하여 자녀를 잘 키워낸다.

# 흠을 힘으로 바꾼다

## 흠을 메워 힘을 얻는다

고수는 임신 기간에 엄마 공부를 한다. 엄마의 길을 나름대로 내려고 엄마 노릇에 대해 독학한다. 결혼하기 전부터 드레스보다 육아서적에 더 신경을 쓴다. 멋진 신부보다 좋은 엄마가 되려고 하는 것이다.

한국 임신부는 초음파 검사를 선진국 산모보다 세 배 이상 하는데 견주어 엄마 공부는 선진국 산모보다 적게 한다. 한국에는 엄마 교육을 실시하는 기관 자체가 드물다. 그런 곳을 찾는 엄마가 적기 때문이다. 유대인 예비엄마는 예비아빠와 함께 교육기관에 가서 육아에 대해 배운다. 아이에게 우유 먹이는 법과 목욕을 시키는 방법은 말할 것도 없고 우는 아이를 달래는 요령도 익힌다. 유대인 엄마는 육아를 인생에서 가장 중요한 일로 생각하는지라 아이를 잘 키우려고 미리 공부한다. 엄마 공부를 열심히 할뿐더러 그 내용을 지킨다. 미국에서 유대인 엄마가 『탈무드』에 따라 자녀를 훈계하다 다치게 하여 입건이 되면 유대인들은 외친다.

"너희는 너희 방식을 따르라. 우리는 우리 전통대로 아이를 양육한다!"

미국 법원에서도 대개 그들을 풀어준다. 아동학대로 처벌하면 유대인 변호사들이 나서서 그 엄마를 도와준다. 법조계에 유대인이 많고 유대인은 강한 터라 유대인 엄마가 그런 일로 감옥에 가는 일은 드물다.

한국에서 엄마가 아이를 학대했다는 말은 많이 들었으나 교육 철학을 지키다가 법정에 갔다는 소식은 못 들었다. 만인이 반대해도 제 뜻을 펴는 엄마가 드물기 때문이다. 다른 엄마가 가지 않은 길로 가면 아이를 망칠까 봐 불안해서 그 길로는 안 간다. 죽더라도 많은 엄마가 가는 길로 가야 마음이 편하다.

한국 엄마는 교육열은 대단하나 자녀 교육에 대해 공부하지 않는다. 자녀 교육에 자신이 없으니 인터넷 육아 정보에 휘둘린다. 정보를 분석하고 검증할 능력이 없어 하수의 말을 따른다. 육아 정보의 품질이 천차만별인데 쉽게 얻는 데 익숙하여 엉터리 훈수에 놀아난다. 빈 깡통이 요란한 법인데 소리가 크면 대단한 줄 알고 따른다. 강남 엄마도 마찬가지다. 실력 차이가 크지 않으니 조금만 흠을 메우면 보통 엄마도 고수가 된다.

고수는 결점을 채워 길을 평탄하게 만든다. 약점을 보완해 줄 아빠를 만나 아이를 갈망하는 상태에서 사랑을 나눈다. 자궁 환경을 최상으로 만든 뒤에 아이를 가지며, 임신한 뒤에는 태아와 말을 주고받는다. 그 자녀는 세상에 나오자마자 엄마와 애착 관계를 끈끈하게 형성한다. 아이가 뱃속에서부터 엄마의 말을 들었기 때문에 바로 엄마의 목소리를 좋아한다. 고수는 그 목소리로 자녀에게 책을 읽어준다. 자녀가 말을 하면 읽어준 내용을 놓고 이야기한다. 그 자녀는 책을 좋아할 뿐만 아니라 엄마와 원활하게 소통한다. 엄마는 책 내용을 바탕으로 하여 자녀를 교화하니 잔소리를 하지 않고 자녀를 바르게 키운다.

하수는 임신한 뒤에도 술을 마시고 담배를 피운다. 태아에게 피해가 간다는 사실을 알지만 욕망을 절제하지 못한다. 아이를 낳은 뒤에도 자녀 교육을 고역으로 생각하여 아기에게 수시로 짜증을 낸다. 아이 때문에 그런다고 하면서 결핍을 보완하지 않으니 갈수록 흠이 커져 자녀와 함께 추락한다. 대치동에 가면 한 방에 자녀를 끌어올릴 수 있다고 하며 아빠를 탓한다. 물귀신처럼 가족을 하나씩 죽이는 것이다.

고수는 흠을 메워 힘으로 만든다. 자녀 교육을 자신과 자녀가 흠을 메우는 길로 여긴다. 부족하다고 생각하는지라 열심히 공부하여 단점을 채운다. 아빠의 결점도 보완해주니 감격하여 그 또한 자녀 교육에 동참한다. 아빠와 함께 자녀의 약점을 보완하려고 목표를 수립한 뒤에 계획을 실행하여 자녀의 성적을 올린다. 그러는 사이에 가정이 튼실해진다.

고수는 자녀가 중학교 3학년이 되면 자녀의 성적을 분석하여 약점을 보완한다. 예비고 1학년 때 취약한 과목을 보강하여 고등학교에 가서 자신감을 갖고 공부하도록 한다. 그 자녀는 고등학교에서 열심히 공부하여 바라는 대학에 들어간다. 고수는 학습 과정에서 중요한 시기에 자녀가 핵심 역량을 기르도록 도와준다. 자녀의 대입에서 중 3때가 중요하다고 생각하여 그때 자녀와 함께 부족한 부분을 메운다.

하수는 자녀가 중학생이 되어 범재라는 사실이 드러나면 실망한다. 그 약점을 보강할 생각은 안 하고 자녀를 나무란다. 그러다 자녀가 약점을 보완할 기회를 놓친다. 학부모가 수업 참관을 할 때 보면 초등학교 1학년 교실이 가장 붐비고, 4학년을 넘어서면 교실이 썰렁하다. 초등학교 고학년이 되면 자녀에 대한 기대를 대다수가 접는다는 증거다. 고수는 그때 자녀에 대해 관심을 기울여 자녀가 사춘기를 무사히 보내도록 한다. 자녀가 생애주기에서 중요한 시기를 지날 때 힘을 실어준다. 자녀에게 부족한 점이 무엇인지 아는지라 중학생 시절에 그 결핍을 효율적으로 보완한다.

자녀가 중학교 3학년 겨울방학을 맞았을 때, 곧 예비고 1학년 시절이 기초를 보강할 수 있는 마지막 시점이다. 그 1, 2월에만 흠을 보강해도 고등학교에 가서 적응을 잘한다. 그때 약점을 보강하고, 대입 전략을 세우면서 고등학교 교육과정을 살피기만 해도 고등학교에 가서 공부를 잘할 수 있다.

고수는 자녀가 스스로 약점을 보완하기 힘들면 적절한 선생을 찾아가서 흠을 메우도록 한다. 백 리도 넘는 데서 학원에 오는 중학생이 있었다. 주말마다 일찍 일어나 버스를 타고 공부하러 오는 열정에 나는 감동했다. 가끔 엄마가 승용차로 데려오기도 했는데 그런 날이면 엄마는 도서실에서 책을 읽으며 수업이 끝날 때까지 기다렸다. 수업시간이 네 시간인데도 시내에 나가 다른 일을 보는 경우가 없었다. 자동차로 10분도 안 걸리는 곳에서도 멀다고 하는 엄마가 있는데 그 엄마는 자녀를 위해 주말을 희생하는 수가 많았다.

고수는 자녀가 흠을 메울 시기라고 판단하면 자원을 총동원하여 자녀를 밀어준다. 한두 해 힘들게 살더라도 줄곧 재미있게 사는 길을 고른다. 말이 아니라 발로 자녀를 지원한다. 제 때 제대로 밀어준다. 자녀는 그 열정에 공감하여 열심히 공부하니 그런 학생의 입시 결과는 대체로 기대를 초월한다.

하수는 자녀의 흠을 긁어 치명상으로 만든다. 자신은 고수인데 남편과 자녀가 미련하여 실패했다고 하는 것이다. 엄마가 다른 가족을 공격하여 자기 흠을 감추려고 하는 집이 잘될 까닭이 없다. 하수는 자기를 계발하지는 못해도 다른 가족을 끌어내리는 일은 아주 잘한다.

고수는 흠을 힘으로 바꾼다. 자녀가 흠을 메우는 동안 힘을 기르게 한다. 대입 전략에는 강점으로 승리하는 길과 흠을 메워 이기는 방안이 있다. 수능 점수가 높으면 선택의 여지가 넓은지라 수시에서 상향지원을 할 수 있으니 흠을 메워 평균을 높이는 쪽이 유리하다.

## 흠은 하나씩 메운다

한돌이는 고등학교에 들어가 화장실에 가는 시간도 아끼며 공부했다. 통학 버스에서는 영어 단어를 외웠다. 그런데도 1학년 말까지 성적이 반에서 중간에 머물렀다. 공부하는 방법에 문제가 없는데 2학년 1학기가 되어도 성적이 오르지 않았다. 머리를 탓하더니 2학년 말에 이르러 실력이 오르기 시작하여 명문대에 들어갔다. 중학교 시절 게임에 빠져 공부의 바탕이 엉성했는데 고등학교에서 흠을 하나씩 메워 꿈을 이룬 경우다.

한돌이 엄마는 혼자서 자식을 뒷바라지했다. 엄마가 낮에 마트에서 일하자 한돌이는 종일 게임을 하며 놀았다. 그러는 사이에 성적은 뚝뚝 떨어졌다. 아들이 고등학교를 눈앞에 두고 게임에 미쳐 살았는데 역으로 엄마는 아들을 밀어주지 못해 미안하다고 말했다. 혼자 간직하던 이혼에 얽힌 이야기도 다 쏟아냈다. 예비고 1학년 때 마음을 다잡지 못하면 큰일이라고 생각하여 읍소 전략을 실행했다. 다행히 엄마의 호소가 통하여 아들은 공부하기로 마음을 먹었다. 공부의 바탕이 약했으나 학원에 다닐 돈이 없어 집에서 혼자 공부하기로 했다. 엄마는 아들이 공부하는 동안 자지 않고 야식을 챙겨 주었다. 밤마다 커피를 두세 잔씩 마시면서 그 일을 해냈다. 직원들이 회식을 할 때도 혼자 빠져나와 아들에게 야식을 마련해주었다.

하루는 책상에 여러 과목을 늘어놓고 공부하는 아들에게 "한 번에 한 과목씩 하는 게 어때?" 하고 말했다. 다른 때 같으면 화를 냈을 텐데 아들이 그 말을 받아들였다. 엄마는 마트에서 광고할 때 미끼 상품으로 손님을 끌어들여 매상을 올리는 전략을 참고하여 그 의견을 말했다. 아들도 고민하던 터라 엄마 말을 참고하여 한 과목씩 파고들었다. 가장 자신이 있는 언어로 점수를 올린 뒤에 여세를 몰아 영어와 수학도 차례로 끌어올렸다. 언어를 미끼로 사용하여 다른 과목을 하나씩 낡아 올렸다. 언어를 선도 과목으로 삼아 다른 과목도 끌고 간 것이다.

고수는 자신의 경험과 지식을 총동원하여 자녀의 흠을 메운다. 살면서 얻은 슬기를 활용하여 자녀를 돕는다. 한돌이 엄마는 자녀를 다른 엄마들처럼 도와주지 못하는 점을 한탄했다. 아빠 없이 혼자 자녀를 기르면서 죄책감에 시달리곤 했다. 머리를 싸매고 고민하다 보니 자기가 하는 일에서 공부의 길을 찾았다.

엄마의 정성에 자녀가 감동하면 자녀 스스로 흠을 메워 나간다. 자녀에게 흠이 많아도 엄마는 그 힘만 본다. 애인과 달리 군대에 간 아들이 몇 달 동안 전화를 안 해도 마음을 안 바꾼다. 아들이 아쉬울 때만 전화해도 반갑게 받는다. 애인은 군대에 간 남자친구가 한 주만 전화를 안 해도 고무신을 거꾸로 싣는다. 남자친구를 사랑하는데도 기다릴 수 없다며 돌아선다. 남자 친구에게 흠이 있으면 바꿀 생각을 안 하고 떠난다. 반면에 엄마는 탈영한 아들도 감싸준다. 자녀가 감옥에 갇혀도 옥바라지를 하며 흠을 힘으로 바꾸려 한다. 자녀가 흠을 개선하지 않아도 그 현실을 그대로 받아들인다. 자신이 잘못하여 자녀가 고생한다고 생각하여 제 갈 길을 간다.

약점을 인정하고 후회할 때는 이미 늦다. 하지만 늦었다고 생각할 때가 흠을 메우기 좋은 시기다. 고수는 자녀가 일정한 과정을 밟아 흠을 힘으로 바꾸기 바란다. 자녀가 단점을 장점으로 바꾸려고 하면 총력을 기울여 돕는다.


엄마는 자녀의 인생 대전을 지휘한다. 자녀가 대학에 들어갈 때까지 가정의 총사령관으로서 자녀와 함께 야전을 누빈다. 고수는 승리의 공을 부하에게 돌리고, 패배의 과는 혼자서 진다. 그에 비해 하수는 패하면 승패는 병참에서 갈린다고 하면서 남편을 나무란다. 남편이 다른 아빠보다 실탄을 더 많이 지원했다고 하면 아이를 불러 왜 교범대로 싸우지 않았느냐고 책망한다. 자신의 흠을 인정하지 않고 남의 결함만 찾으니 비싼 수업료를 내고도 배우지 못한다. 뒤에 치르는 자녀의 인생 대전에서도 같은 실수를 저지른다.

고수는 패배한 뒤에 흠을 보완하여 다음 전투에 대비한다. 패배는 승자가 거치는 통과의례로 생각한다. 실패를 통하여 자신과 현실을 파악한 다음 흠을 메운다. 자녀가 학교에서 공부를 못하면 사회에 나가 성공할 길을 찾는다. 공부를 못한다고 자녀를 압박하지 않으니 자녀가 세상에 나와 진로를 모색한다. 현실을 냉정하게 바라보는 터라 자원을 제대로 활용하여 성공한다.

하수는 발보다 말이 빠르다. 현실을 모르면서 딸이 경찰대를 나와 경찰청장이 될 거라고 자랑한다. 경찰대에서는 수험생 60만 명 가운데서 여학생의 경우 12명을 뽑는다. 작년에 그 경쟁률이 160 대 1이었다. 엄마의 입담이 아니라 딸의 뇌력과 체력이 뛰어나야 경찰대에 합격한다. 모의고사 성적이 잘 나와도 대입에 변수가 많은 터라 합격을 장담할 수 없다.


판사를 꿈꾸던 딸이 서울법대와 경찰대에 동시에 합격하자 을순이는 딸에게 경찰대를 권했다. 십 년도 넘은 일인데 그때는 나도 의아하게 생각했는데 지금 돌아보니 괜찮은 길이다. 엄마가 현실과 미래를 내다보며 딸을 경찰대로 유도한 것이다. 딸을 경찰대에 응시하게 하려고 그는 한 해 동안 주말마다 딸과 함께 운동장을 돌았다. 딸이 공부에 방해가 된다고 해도 유인책을 써서 체력을 보강했다. 달리기가 여러모로 유용하다고 보아 밀어붙였다. 그녀는 딸이 경찰대에 들어간 뒤에 속으로 경찰청장을 향해 한 걸음 떼었다고 생각한다. 그 딸도 입보다 발이 빨라 부지런히 홈을 메워 힘으로 만든다. 경찰대를 나와도 경찰청장이 아니라 경찰서장 되기도 힘들다는 현실을 알고 꾸준히 걸어간다.

고수는 자녀와 함께 한 걸음씩 걸어간다. 우보천리牛步千里, 곧 우직하게 걷는 소가 천리를 간다. 말이 아니라 발로 목적지에 도달한다. 고수는 자녀와 함께 한 번에 한 군데씩 홈을 메운다. 꾸준히 홈을 채우면 힘이 늘어 꿈을 이룬다고 믿는다. 사람은 채운 홈만큼 힘을 얻는다. 홈을 채워 얻은 힘만 한 강점은 어디에도 없다.

# 날마다 새롭게 다짐한다

## 작심삼일로 삼겹다짐을 만든다

"애가 게임에 빠져 공부를 안 해요."

엄마들은 현실을 말할 뿐 그 원인은 말하지 않는다.

"어쩌다 게임에 빠졌는데요?"

"아빠하고 게임하다 그렇게 된 것 같아요."

이번에는 아빠를 끌어들인다. 자기 잘못을 자녀와 아빠에게 떠넘기니 해법을 찾기 힘들다.

아이가 게임에 빠진 까닭은 대부분 엄마에게 있다. 엄마가 아이에게 공부하는 습관을 들이지 않을 때 자녀가 게임이 빠지기 때문이다. 엄마가 아이를 게임보다 공부에 먼저 재미를 붙이도록 했다면 게임에 미치지 않는다. 아이는 본능적으로 공부보다 게임을 좋아한다. 공부는 힘들고 재미가 없는 데 견주어 게임은 쉽고 재미있기 때문이다. 따라서 엄마가 자녀를 게임보다 공부에 일찍 노출시켜야 공부와 게임을 병행한다. 고수는 끈질기게 자녀에게 학습 습관을 들인다. 엄마가 아이를 안고 스마트폰을 들여다보면 아이를 게임에 빠뜨리는 것이다.

엄마가 잘못을 인정하고 아빠와 함께 아이 구출작전을 펴야 아이가 게임에서 빠져나올 수 있다. 괜찮은 엄마는 자녀가 어릴 때 학습 습관을 잘 들이지 못했다고 고백한다. 자녀에게 책을 읽어주지 않고 비디오를 보모처럼 활용했다고 말한다. 아이가 아빠와 게임하며 노는 것을 그대로 두었다고 반성한다. 그리고 자기도 드라마를 적게 볼 테니 자녀도 게임을 줄이자고 제안한다. 독서는 드라마 시청보다 재미가 없는지라 그 다짐을 지키려면 독해야 한다. 자녀의 공부를 중시하여 작심을 삼일마다 거듭하면 자신과 맺은 약속을 지킬 수 있다.

날마다 작심하면 삼일 만에 포기해도 삼겹다짐이 이어진다. 그렇게 지속하면 목표에 이른다. 다짐은 실천의 동력이다. 날마다 다짐하는 사람은 유혹을 뿌리치고 계획을 실행한다. 자녀에게 모범을 보이겠다고 날마다 다짐하는 사람은 목표를 무난하게 달성한다. 삼일에 한 번씩만 작심해도 다짐을 이어갈 수 있는데 매일 작심하면 마음이 세 겹이니 자신을 혁신할 수 있다.

작심에는 하겠다는 마음과 안 하겠다는 마음이 있다. 자녀가 게임을 그만두고 공부하겠다는 다짐에는 두 가지 작심이 들어 있다. 두 작심은 둘이면서 하나다. 중독이라는 차원에서 보면 공부와 게임이 유사하나 성격이 상이하여 게임 중독을 공부 모드로 바꾸기 어렵다. 최선은 게임을 줄이고 공부를 늘리는 방안이다. 중독은 단칼에 중단할 때 벗어나기 쉽다. 다만 흡연은 기호인 데 견주어 게임은 문화다. 게임을 안 하면 친구와 어울리기 어렵다. 요즘은 친구와 사귈 때 공부보다 게임이 문제가 된다. 공부 못하는 아이와는 어울릴 수 있어도 게임 못하는 아이와는 못 놀기 때문이다. 따라서 게임을 줄이는 만큼 공부를 늘리는 게 상책이다. 학습 동기를 강화하고 게임욕망을 약화시켜 지금 여기에서 게임을 줄일 때 내일 세상에서 꿈을 이룰 수 있다. 공부가 게임보다 유익하다는 사실을 절감하면 게임을 줄이고 공부를 늘릴 수 있다. 그 사실을 모르는 학생은 없으므로 게임을 절제하는 데 총력을 기울이면 게임중독에서 벗어날 수 있다. 어릴 때는 공부의 효용을 실감하지 못하는 수가 많으니 그것을 절감한 엄마가 공부의 쓸모를 생생하게 말해주면 자녀가 게임을 줄일 수 있다.

엄마들은 자녀가 게임에 빠져 공부를 못한다고 생각하지만 자녀들은 공부를 안 해서 공부를 못한다고 생각한다. 내가 만난 수재들은 게임이 아니라 공부에 초점을 맞추어야 게임을 줄이고 공부를 늘릴 수 있다고 했다. 수재들 가운데 남학생들은 대부분 게임을 잘했다. 게임은 그들에게 취미이자 놀이였다. 그들은 대체로 공부한 뒤에 게임을 배웠다. 그로 보아 엄마가 게임에 중독된 자녀에게 공부의 필요성을 절감하도록 해야 자녀가 게임을 줄이고 공부를 늘릴 수 있다. 엄마가 게임에 중독된 자녀에게 동기 부여를 하려면 학습이론에 대해 공부해야 한다. 인내력을 가지고 그 원리에 따라 자녀를 공부의 길로 이끌어야 뜻을 이룰 수 있다.

고수는 자녀에게 공부가 무엇이며 왜 해야 하는지 알려준다. 공부 방법과 공부 효용도 알려준다. 자녀에게 학습 동기를 부여할뿐더러 공부로 성공한 사례를 들어 공부에 매진하도록 한다. 자녀가 공부하면서 스스로 학습 동기를 얻도록 유도한다. 성취감을 맛보는 것이 최고의 학습 동기이기 때문이다.

공부는 쉬운 데 견주어 쓸모가 많다. 스타 게이머는 한 해에 몇 사람이 나오는 데 견주어 의사는 한 해에 수천 명씩 쏟아진다. 게이머는 마흔까지 활동하기 힘들어도 의사는 여든이 넘게 진료할 수 있다. 한국게임과학고등학교는 정원이 100명이요, 전국에 하나지만 경쟁률이 높지 않다. 반면에 특목고와 자사고는 전국에 백 곳 안팎인데 지원자가 정원의 몇 배를 넘는다. 그 길이 명문대로 통하기 때문이다.

엄마가 자녀에게 공부를 강요하면 자녀는 공부를 취미가 아니라 일로 생각한다. 때문에 공부하다가도 친구가 게임을 하자고 유혹하면 바로 넘어간다. 노는 애들 때문에 공부를 못하는 게 아니라 자녀가 놀기를 좋아하니까 노는 친구들과 어울린다. 지금 여기에서 즐길 거리를 찾으니 내일 거기에서 일할 준비를 안 한다. 공부의 흥미를 모르는 데 비해 게임의 재미는 아니까 게임을 하며 날을 샌다.

고수는 자녀가 공부와 게임을 아울러 잘하도록 지도한다. 놀부는 학생들 사이에서 게임의 신으로 통했다. 놀부가 논술할 때 보니 무섭게 수업에 집중했다. 그는 가볍게 서울대에 들어갔다. 자기를 조절하는 힘이 뛰어나 공부와 놀이를 잘 구분했다. 호리호리하고 능글맞았는데 심신에 그런 저력이 있었다. 그 엄마는 잘 놀아야 공부도 잘한다고 생각하여 놀부에게 공부와 놀이를 함께 가르쳤다고 했다. 때문에 그 자녀는 국면 전환을 잘하여 놀다가도 책을 잡으면 바로 그 내용에 빠져들었다. 수재 중에는 놀부 같은 학생이 많았다.

공부는 정적 활동이니까 동적 취미로 긴장을 풀면서 해야 효율적이다. 휴식 시간에 게임을 하고 다시 공부에 집중하기는 힘들다. 집중력에도 한계가 있기 때문이다. 따라서 쉬는 시간에 심신을 풀어 공부할 태세를 갖추는 게 좋다. 남학생이 여학생보다 게임을 많이 하다 보니 여학생보다 공부를 못한다. 엄마가 아들에게 공부한 뒤에 게임하는 습관을 길러주면 게임과 공부를 병행할 수 있다. 고수는 자신에게 엄격하니까 자녀도 그를 보고 자제력을 습득하여 공부와 게임을 병행한다.

날마다 새롭게 다짐하면 그 효과가 크다. 놀이와 공부를 병행하는 일도 작심을 잘 실천해야 할 수 있다. 날마다 작심하려면 먼저 목표가 뚜렷해야 한다. 고수는 자녀 교육의 목표가 뚜렷하여 매일 작심하여 삼겹다짐을 만든다. 다짐이 중요하다는 사실을 아는지라 자녀에게 모범을 보인다. 한번 마음을 먹으면 일을 끝까지 해낸다.

## 날마다 새롭게 다짐한다

고수는 날마다 새롭게 다짐한다. 자녀를 바라는 대학에 보내려고 대입 제도를 자세히 바라본다. 그러면서 날마다 새롭게 태어난다. 현실을 잘 아는지라 딸이 군대에 간다고 해도 놀라지 않는다. 여군의 진로가 넓어진다는 사실을 알기 때문이다. 하수는 자기 혁신보다 운명 철학에 매달린다. 자녀가 공부를 못하면 팔자가 안 좋아서 그런다고 말한다. 이름이 나쁘다고 생각하여 자녀에게 개명을 권하고 그래도 안 풀리면 점을 본다.

한 조사에서 보니 서울대 신입생들은 대입에서 운이 3퍼센트 정도 영향을 미친다고 말했다. 하수는 엄친아가 운이 좋아 서울대에 갔다고 하지만 운도 실력이 있어야 잡는다. 다른 조사에서 자녀를 SKY에 보낸 엄마들은 공부의 조건으로 아이의 노력을 1위로 꼽았는데 그 비율 60퍼센트였다. 그들의 90퍼센트 이상이 보통 아이도 노력하면 명문대에 갈 수 있다고 했다. 하수는 엄친아의 실력을 인정하지 않는다. 자녀 교육에 실패해놓고 자녀와 아빠를 탓하기 힘들면 운이 나빴다고 한다. 자기가 빠져나갈 구멍을 찾는 것이다.

하수는 자녀가 지방대에 가면 성공하기 어렵다고 생각한다. 엄마가 지방대로 진학한 자녀에게 기대를 접으니 자녀도 성공하려고 노력하지 않는다. 자녀가 다른 길을 찾으려고 해도 신경을 쓰지 않는다. 인생은 성적순이요, 공부는 학교에서만 하는 줄 안다.

사실은 심신을 움직여 자신과 남을 이롭게 하는 일이 모두 공부다. 강수진은 발레 공부로 세계를 평정했다. 하루에 18시간씩 발레를 연습하여 그 발가락에는 옹이가 수두룩하다. 그 발로 정상에 우뚝 섰다. 발이 그의 얼굴이자 간판이다. 그는 자기 발을 '피카소 작품'이라고 했다. 그는 엄마의 말을 듣고 선화학교에 입학했고, 엄마의 권유에 따라 한국무용에서 발레로 전공을 바꾸었다. 전공을 바꾸는 바람에 발이 망가졌으나 서양발레에 한국무용을 곁들여 새롭게 태어났다. 엄마 덕분에 한국 발레 역사에 신화를 쓴 것이다.

엄마가 날마다 새롭게 다짐했기에 전공을 바꿀 수 있었다. 엄마는 딸의 특징과 외국의 무용계까지 바라보며 딸에게 전공을 바꾸자고 제안했다. 매일 자신의 안목을 혁신했기 때문에 한국뿐만 아니라 세계에서 통하는 예술이 무엇인지 알았다.

하수는 자녀가 공부를 못하면 발레의 길을 알아본다. 그런데 발레로 성공하려면 심신을 단련하여 그 세계를 제패해야 한다. 외모가 빼어나고 서양풍이어야 발레를 시작할 만하다. 학원을 다니고 옷과 신을 사는 데 많은 돈이 든다. 음식도 마음대로 못 먹고, 발가락에 상처를 달고 살아야 한다. 발레로 돈을 벌기는 힘든데 서른을 넘으면 활동하기 어렵다. 스타도 날마다 연습해야 젊은이들에게 밀리지 않는다. 인기가 떨어져 무대에서 내려오면 할 일이 적다. 길이 좁은지라 발톱이 빠지도록 노력해야 정상에 선다. 외국어도 잘해야 외국인과 소통하며 국제무대에 존재를 드러낼 수 있다. 발레는 심신을 움직여서 하는 공부인지라 책상에 앉아 머리로 하는 공부보다 더 힘들다.

엄마들은 자기와 비슷한 부류를 보며 다짐을 새롭게 한다. 의사 부인들은 다른 의사 부인의 자녀가 어떤 대학에 들어갔는지 관심을 갖는다. 비슷한 환경에서 자녀를 길렀는데 자녀에 따라 자기 위상이 달라지기 때문이다. 하수는 남의 자녀가 잘되면 그 엄마를 깎아내려 자신과 비슷하게 만들려고 한다. 물귀신처럼 고수를 끌어내려 같이 망하려는 것이다.

엄마들은 자기가 못 가진 것을 다른 엄마가 가졌을 때 시기한다.

엄마에게 자녀는 최고의 자산이다. 엄마는 자신과 자녀를 동일시하여 자녀가 시원찮으면 열등감에 싸인다. 우스개로 여자 가운데 최하수가 공부 잘하는 여자요, 최고수는 공부 잘하는 자녀를 둔 엄마라고 한다. 실제로는 엄마가 공부를 잘하면 그 자녀도 엄마처럼 공부를 잘하려고 노력한다. 그 자녀가 성공할 가능성이 크다. 성공한 여자가 좋은 아빠를 만나는지라 그 엄마는 자녀도 빵빵하게 키운다.

자녀 교육에서 엄마가 다짐으로 승리하는 길은 널려 있다. 시기, 비교, 질투, 열정, 콤플렉스, 열등감, 우월감, 경쟁, 소유욕, 명예욕, 복수심 등이 모두 다짐으로 전부 승리의 도구로 삼을 수 있다. 하수는 열등감에 무너지지만 고수는 열등감을 불태우며 날아오른다. 어떤 고수는 보복을 다짐으로 삼아 자녀 교육에서 성공한다. 공부는 자신보다 못했는데 얼굴이 예뻐서 결혼을 잘한 동창생을 자녀 교육으로 이기는 식이다. 날마다 그 친구를 생각하며 거룩한 보복을 다짐한다. 고수는 설욕전을 치르면서도 자녀를 압박하지 않는다. 자녀 교육에서 성공하려고 복수를 꿈꾸지만 자제력을 발휘하여 대승한다.

고수는 심리전의 대가다. 가족의 마음을 모아 다른 집안과 총력전을 벌여 이긴다. 여군이 옆에서 싸우고 있는데 남군이 여군을 놔두고 내빼겠는가. 전투는 무기가 가르는데 최고의 무기는 마음이다. 심리전에서는 여자가 남자보다 강하다. 여자가 한을 품으면 오뉴월에도 서리가 내리기 때문이다. 여자 앞에서 남자는 담력을 보여준다. 선진국에서 군대를 남녀 혼성으로 편성하는 뜻이 여기에 있다. 요즘 테러들이 여자를 내세워 그 잔인성을 부각하고 자체 단결을 도모하는 전략도 마찬가지 원리다. 그 전략은 가정에서 원용했다. 집에서 엄마가 죽을 각오로 자녀 교육에 임하면 다른 가족도 똘똘 뭉쳐 엄마를 돕는다. 자녀를 가르치려고 엄마가 노점상을 할 때 아빠와 아들이 주색잡기에 빠질 수 있을까? 남녀가 한 가정을 이루는 까닭이 이렇다. 엄마가 날마다 새롭게 다짐한 덕분에 개천에서 용이 된 자녀가 즐비하다. 반대로 엄마가 다짐을 잘못하여 자녀를 망치는 일도 흔하다. 가문의 흥망이 여자에게 달려 있다는 말이 이래서 나왔다.

고수는 날마다 새롭게 다짐하면서 자녀도 매일 공부하기 하기 바란다. 그 자녀는 엄마를 닮아 실패해도 재기하려고 노력한다. 엄마가 마음을 다잡고 나아가니 자녀도 새로운 기대를 갖고 공부한다. 고수는 새로운 트렌드를 알고 발 빠르게 대처한다. 새로운 흐름에 맞게 자신과 자녀를 혁신한다. 작심삼일을 이어 삼겹다짐으로 만들어 정상에 오른다.

# 제때 제 걸음으로 간다

## 제때 제대로 공부한다

대중 매체에서 논술이 대학 입학을 가른다고 하면 초등학생을 둔 엄마가 가장 빨리 움직인다. 다음에는 자녀가 중학교에 다니는 엄마가 전화를 한다. 정작 고등학생의 엄마는 느리게 움직인다. 논술을 보려는 고등학생이 적은 데다 그 엄마들은 신중하기 때문이다.

초등학생은 논술보다 독서에 힘쓰는 게 정석이다. 독서에 집중하며 일기를 쓰고 서술형 시험에 대비하면 된다. 단계를 무시하고 논술을 하면 실력이 늘지 않는다. 하수는 아이가 글을 읽으면 쓰기를 가르치려고 한다. 무엇이든 빨리 가르치면 잘하는 줄 알고 무리하다 아이가 공부를 싫어하게 만든다.

제때 시작하여 지속하는 학생이 공부를 잘한다. 적기에 출발하여 제 걸음으로 가야 천 리를 간다. 엄마가 공부하라고 아이를 몰아붙이면 십 리도 못 가서 공부 거부증에 걸린다.

학생들의 공부주기를 보면 1월과 3월에는 대부분 열심히 공부한다. 1학기 중간고사를 마치면 해도 안 된다고 하면서 탈락하는 사람이 많다. 2학기에 다시 시작하지만 이내 그만둔다. 초기에 요란을 떠는 학생일수록 빨리 포기한다. 결국 처음처럼 끝까지 지속하는 학생과 시작보다 지속을 중시하는 학생이 승리한다.

고수는 음성언어로 바탕을 다진 뒤에 한글을 접하게 한다. 바탕을 제때 제대로 다진 터라 그 자녀는 학교에 가서 공부를 잘한다. 고수는 아이에게 듣고 말한 뒤에 읽고 쓰게 한다. 공부의 토대를 제대로 다지니 국어는 물론 다른 과목도 잘한다.

하수는 자녀를 빨리 가르치려고 하다 아이가 배우지 않으려고 하면 짜증을 낸다. 아이의 공부 습관을 잘못 들이고, 정서를 잘못 관리하여 자녀의 학습능력을 떨어뜨린다. 그래놓고 밖에서 다른 사람이 자녀의 성적을 올려주기 바란다. 집에서 엄마가 망친 학습 습관을 남이 바로잡기 힘들다. 가까스로 교정해도 원위치로 돌아가기 일쑤다. 엄마가 아이의 학습 기초를 무시했기 때문이다.

고수는 아이의 말 한마디도 천금처럼 여긴다. 아이가 어떤 과정을 거쳐 말하는지 알기 때문이다. 아이는 다른 사람이 '엄마'라고 하는 말을 수천 번 들은 뒤에 머리에서 발끝까지 움직여 '엄마!'를 외친다. 남의 말을 머리를 작동하여 해독한 뒤에 여러 신체 부위를 적절하게 가동하여 발음한다. 아랫배에서 턱까지 많은 근육을 움직이고, 공기를 신체기관에 채워 조음기관으로 보내 말로 바꾼다. 머리에 딸린 조음기관만 해도 80여 개의 근육을 제대로 움직여야 바르게 작동한다. 발음에 연관된 기관을 정상적으로 움직이는 일은 자동차가 제대로 작동하는 일처럼 복잡하다. 발성은 기계적인 동작이 아니라 창조적인 작업이다. 성대와 목구멍, 그리고 입 바닥과 입천장, 이와 혀, 그리고 코가 서로 알맞게 조응할 때 소리가 제대로 나온다. 아이가 말을 하려면 여러 기관이 유기적으로 작동해야 한다. 남에게 수없이 들은 '엄마'를 여러 단계를 밟아 세상에 내놓는다. 그래서 고수는 아이가 '엄마!' 하고 부르면 감격한다. 그 과정을 이해할뿐더러 말을 통해 아이가 정상인으로 사회생활을 한다는 사실을 알기 때문이다. 고수는 아이가 부르는 말에 알맞게 호응하여 아이의 자존감을 키워준다. 아이가 하는 말을 보석처럼 귀하게 여긴다. 아이도 엄마의 태도에 감동하여 서로 말을 주고받는다.

한국 학생은 국어로 공부한다. 때문에 국어를 잘하면 다른 공부도 잘한다. 고수는 공부를 상호 작용으로 아는 터라 자녀와 말을 주고받으며 함께 배운다. 자기 말을 하기보다 아이의 말을 듣는 데 힘쓴다. 아이는 세상을 알려고 엄마에게 수시로 묻는다. 고수는 자녀의 질문에 진지하게 대답해준다. 그 일이 아이가 자란 뒤에 과외를 하는 것보다 훨씬 낫다고 본다. 엄마가 자녀를 안고 눈을 맞추며 말을 주고받으니 자녀는 촉각과 시각 그리고 청각을 동원하여 공부한다. 오감으로 학습하는지라 바탕이 견고하여 자랄수록 공부를 잘한다.

고수는 아이가 글씨에 관심을 갖도록 하려고 아이에게 그림보다 글씨가 많은 책을 보여준다. 아이가 글씨에 관심을 보이면 그림과 글자를 연계하여 가르친다. 영상은 시각과 청각 등을 이용해서 수용하는 그림자이므로 어릴 때는 되도록 보여 주지 않는다. 영상 감상은 비의도적 문화 행위다. 심신을 의도적으로 움직이지 않아도 이해할 수 있다는 말이다. 그래서 어릴 때 비디오를 많이 보면 뇌력이 떨어진다. 뇌는 적절하게 자극해야 발달하는데 영상은 머리에 부담을 주지 않기 때문이다. 소아과 의사들은 비디오를 본 아이들이 비디오를 보지 않은 아이들보다 어휘력이 떨어진다고 말한다. 영상은 일방통행인지라 자녀와 엄마의 상호 작용을 방해한다. 그나마 기계적인 신호라 감정을 느끼기 힘들다. 최고의 언어 학습은 엄마와 자녀가 얼굴을 마주보며 이야기하는 일이다. 엄마가 자녀와 눈을 맞추고 말을 주고받을 때 공감능력이 커진다. 엄마가 아이와 더불어 이야기하는 사이에 아이는 사회성을 기르고 세상을 익힌다.

아이가 울면 엄마들이 스마트폰을 주어 달래는 수가 많다. 아이를 영상 중독으로 안내하여 독해력을 떨어뜨리는 행위다. 그래놓고 자녀가 공부를 잘하기 바란다면 그야말로 나무에서 고기를 구하는 격이다. 공부는 여러 기관을 유기적이고 총체적으로 활용하여 배우는 일이다. 손바닥만 한 화면을 보며 시청각을 통해 학습능력을 키우기 어렵다. 슬프게도 엄마의 십중팔구는 아이가 두 살도 되기 전에 떼를 쓰면 아이를 달래려고 스마트폰을 준다. 고수가 되는 길은 스마트폰과 싸워 이기는 일이다. 자녀가 학교에 가기 전까지 스마트폰과 거리를 두게 한다면 고수는 떼어 놓은 당상이다.

영상 문화를 거스르자는 말이 아니다. 대세를 거역할 수 없을뿐더러 영상 매체에도 강점이 많다. 그러나 영상보다 문자에 먼저 노출시켜야 학습 기초를 제대로 다질 수 있다. 영상 매체는 흡인력이 강해 문자를 익힌 다음에 접하게 해도 얼마든지 그 강점을 취할 수 있다.

다시 말해 미디어 다이어트를 가혹하게 하고 독서를 많이 하면 고수는 저절로 된다. 거실에서 TV를 없애고 스마트폰 사용 시간을 절반으로 줄인다. 거실을 서재로 꾸미고 도서 구입비를 세 배 늘린다. 아이가 어릴 때 이렇게 하면 SKY는 가볍게 들어간다. 모범보다 좋은 교육은 없기 때문이다.

고수는 적기에 자녀 교육을 시작하여 꾸준히 지속한다. 공부의 바탕은 독서요. 독서의 핵심은 지속이다. 고수는 자녀와 함께 책을 읽는다. 이해하고 표현하는 일이 공부이므로 책을 많이 읽으면 공부를 잘한다. 평생 학습 시대를 맞아 고수도 죽을 때까지 공부해야 그 격을 유지할 수 있다.

어릴 때부터 공부에 매진하면 바로 지친다. 집중력에도 한계가 있기 때문이다. 죽을 때까지 공부해야 하니 옆집 아이가 빨리 배운다고 하여 초조하게 생각할 것 없다. 자녀의 심신을 튼튼히 한 뒤에 스스로 공부하도록 하면 된다. 그릇을 크게 만든 뒤에 지식을 담아야 박학다식한 사람이 된다. 초등학생 시절에는 학교 성적은 중간만 따라가며 심신의 바탕을 다져도 된다. 그때 공부의 기초를 잡으면 중학교에 가서 성적을 올릴 수 있다.

대입에서는 일정한 조건에서 누가 문제를 잘 푸는지를 겨룬다. 전형 방식이 3,000가지 안팎이지만 그것을 하나로 줄여 문제해결능력을 측정하는 시험이라 할 수 있다. 고수는 거기에서 자녀에게 유리한 전형을 찾는다. 자녀가 같은 조건에서 남보다 뛰어난 능력을 발휘할 종목이 무엇인지 모색한 뒤에 그 실력을 보강한다. 전형 방법의 변화를 주시하며 자녀의 문제해결능력을 높인다.

고수는 자녀가 영어와 수학에 강하면 언어를 적게 반영하는 대학을 겨냥한다. 내신이 좋으면 수시를 노린다. 자녀와 더불어 현실을 직시하며 실력을 쌓는다. 학교에서 준비하기 어려운 공부는 사교육을 통해 보완한다.

고수는 사교육을 타도 대상이 아니라 선택 사항으로 본다. 사는 나쁘고 공은 좋다는 의식은 위정자들이 백성을 지배하려고 만들었다. 이제는 거의 모든 영역에서 사가 공을 압도한다. 같은 학교라 해도 대개 사립이 공립을 이긴다. 교육에서도 사교육이 공교육을 능가한다. 때문에 교사의 9할 이상이 자녀에게 사교육을 제공한다. 사교육은 과목과 선생을 선택할 수 있어 약점을 채우거나 강점을 보강할 때 유용하기 때문이다.

사교육을 받지 않고 명문대에 들어간 사례가 드문 까닭에 그 성공담을 책으로 낸다. 그러나 그것은 일반인이 따라 하기 힘들다. 유능한 부모가 특별한 조건에서 자녀 교육을 실행한 경우이기 때문이다.

고수는 공사를 떠나 자녀에게 적절한 교육을 제공한다. 사교육을 활용하여 교육에서 시너지 효과를 낸다. 그는 자녀가 다닐 학원을 잘 고른다. 엄마들은 흔히 성과를 낸 학원을 선택한다. 문을 여는 학원에서 하는 말을 믿기 어려운 데다 모험할 용기가 없기 때문이다. 고수는 새로운 학원 중에서 자녀에게 맞는 학원을 골라낸다. 정보를 수집하여 분석한 뒤 스스로 판단하여 자녀에게 새 학원을 추천한다. 개원하는 학원은 학생을 잘 가르치려고 여러모로 애쓴다. 교육에서는 선생의 실력과 경험 못지않게 그 열의가 중요하다. 학원은 학교와 달리 언제든지 떠날 수 있으니 소신껏 선택할 만하다.

고수는 종합학원과 전문학원의 장단점을 알고 학원을 선택한다. 강사의 실력을 간판은 물론 평판을 보고 평가한다. 강사들이 동질적인지 이질적인지도 따진다. 강사의 교수법과 학생의 수준뿐만 아니라 자녀의 성향을 고려하여 학원을 고른다. 가령 자녀가 도전적이면 자녀보다 공부를 잘하는 학생들과 공부하도록 유도한다. 처음엔 부담스러워도 그런 자녀는 우수한 학생들과 함께 공부할 때 성적을 올리기 때문이다. 자녀가 용의 꼬리보다 닭의 머리를 좋아하면 수준이 낮은 반에서 우월감을 느끼며 공부하도록 한다. 거기에서 성공 체험을 하다 보면 목표를 올리며 성장할 수 있다.

고수는 자녀와 함께 학원에 가서 여러 사항을 확인한다. 학원을 제대로 선택하려고 품을 판다. 전단지나 소문에 의존하지 않고 직접 보고 판단한다. 시설보다 사람을 보고 학원을 선택한다. 대치동은 까다로운 엄마와 그 자녀의 마음에 들려고 학원끼리 경쟁한다. 때문에 한국 교육의 일번지가 되었다. 고수가 많은 곳에서는 강사가 그 수준에 부응해야 살아남는다. 내가 운영하는 논술학원에 수재들이 즐비했는데 그 논술을 첨삭하려면 식은땀이 흘렀다. 그 부모들이 고수인지라 그들까지 의식했기 때문이다. 전국에서 내로라하는 강사들이 날마다 고수와 그 자녀의 평가를 받으니 대치동의 교육 수준이 높은 것이다.

고수는 위급한 상황에 잘 대처한다. 대입이 막판에 이르면 학원에서 불안 마케팅을 쓰는 수가 많다. 엄마가 그에 휩쓸리면 판단을 그르친다. 고수는 그때도 현실을 직시하여 제대로 가르치는 곳을 찾는다. 거모가 거목을 키우는 까닭이 이렇다.

하수는 소문을 듣고 학원을 찾는다. 기대는 높지만 안목이 낮아 학원을 제대로 고르지 못한다. 뒤늦게 남의 말을 듣고 와서 성급하게 군다. 학원이 제때 제 걸음으로 가는 걸 막아 자녀는 물론 다른 학생에게도 피해를 끼친다. 고수들이 써놓은 학원 평가서를 읽으면 실수하지 않을 텐데 드라마는 보아도 그런 책은 안 읽는다. 열망만 높을 뿐 공부하지 않아 자녀 교육에 실패한다.

고수는 자녀와 함께 적시에 모험을 감행한다.


진은 재학생 때 수능에서 국·영·수가 모두 1등급이 나왔다. 하지만 수시와 정시에서 연세대와 고려대에 떨어져 재수했다. 재수하던 해에 수시 원서를 낼 때가 다가오자 두려웠는지 연세대와 고려대의 경영대학을 포기하고 하향지원을 하려고 했다. 나는 진에게 수시는 덤이니까 질러보자고 말했다. 고려대의 경우, 진은 식품자원경제학과에 원서를 내려고 했으나 나는 경영대학에 원서를 접수하자고 권했다. 식품자원경제학과는 선발 인원이 적을뿐더러 우선선발의 기준이 경영대학보다 낮아 우선선발에 들어도 경쟁률이 높을 게 뻔했기 때문이다. 다시 말해 식품자원경제학과에 지원하면 실패할 확률이 높다고 보았다.

수능을 마치고 가채점을 해보니 고려대와 연세대의 우선선발은 물건너갔다. 당시 연세대와 고려대에서는 수능 점수가 높은 학생을 먼저 뽑는 우선선발제도를 시행했는데 일반선발보다 경쟁률이 훨씬 낮았다. 진은 고려대 경영대학을 일반선발로 들어갔다. 그때 일반선발 경쟁률이 120 대 1 안팎이었다. 진의 말대로 식품자원경제학과에 원서를 넣었다면 떨어졌을지도 모른다. 실제로 경영학과 우선선발권에 들어간 학생이 식품자원경제학과에 지원하여 탈락한 경우가 있었다. 내가 대입전선의 첨병으로 한판승부를 많이 해보았기 때문에 아들을 걸고 도박할 수 있었다. 진은 자기 삶이 달렸으니 나보다 더 떨렸을 것이다. 죽고 사는 문제가 아닌지라 대입에서는 모험할 만하다. 원서 한 장도 지르지 못하는 사람이 어떻게 큰일을 하겠는가.

대입이 끝나면 땅을 치는 사람이 많다. 배짱이 없어 안전한 곳에 지원했다가 결과를 알고 나서 하향지원을 했다고 후회한다. 겪은 뒤에 영리한 체하는 것이다. 담대한 사람은 위험을 무릅쓰고 남보다 한 걸음 먼저 나아간다. 모험해서 실패하는 쪽이 시도하지 못해 후회하는 쪽보다 낫다고 생각하기 때문이다.

지금 여기에서 내딛는 발걸음이 엄마의 격을 결정한다. 고수는 자녀와 함께 적기에 제 보폭으로 걷는다. 한 걸음이 인생을 가른다고 생각하며 꾸준히 걸어간다. 자녀가 좋아하고 잘하는 길로 가기 바란다. 고수는 자녀가 제때 제 발을 움직여 제대로 걷도록 돕는다.

# 바탕을 다지며 집을 짓는다

## 바탕을 다지며 나아간다

하수는 자녀가 고등학생이 되어 수능모의고사를 치르고 나서 독서의 중요성을 절감한다. 자녀 코앞에 대입이 닥쳐야 기초가 필요하다고 깨닫는다. 그때는 체계적으로 책을 읽기 어렵다 보니 속독을 알아본다. 속독 가운데서 빛의 속도로 책을 읽게 해준다는 광속독에 혹한다. 자녀가 책을 번개처럼 읽고 성적을 하루아침에 올리기 바라는 것이다.

고수는 아이가 어릴 때부터 책을 읽어준다. 자녀가 초등학교에 가면 함께 책을 읽고 그 내용에 대해 이야기한다. 자녀는 호기심을 책에서 채우게 된다. 독서를 즐기는 동안 속독 능력을 자연스럽게 습득한다. 글의 내용을 신속하고 정확하게 파악하는 터라 공부를 잘한다.

엄마들은 선행 학습을 필수로 인식한다. 진도를 먼저 나가면 공부를 잘하는 줄 알고 기초가 부실해도 고난도 문제를 풀게 한다. 그 자녀는 갈수록 공부에 흥미를 잃는다. 실패 경험이 쌓여 자신감도 상실한다.

공부 바탕을 잘 다지면 기초를 응용하여 난제를 만나도 해결할 수 있다. 국어에서는 구체적인 사실을 이해한 뒤에 추상적인 개념을 알 수 있다. 선행 학습을 줄이고 기본을 제대로 익힐 때 실력을 단계적으로 올릴 수 있다.

처음에는 바탕을 대강 다지고 진도를 나가는 사람이 공부를 잘하는 것 같다. 하지만 바탕을 제대로 다진 사람이 뒤로 갈수록 저력을 드러낸다. 어릴 때 독서 습관을 들인 학생은 고등학생이 되면 상위권에 들어간다. 그들은 이해력과 표현력이 강해 수능은 물론 논술도 잘한다. 당연히 좋은 대학에 들어간다.

수재들은 고등학교에 다닐 때도 독서와 토론을 즐긴다. 학원에서 고3인 한규가 한국과 일본의 만화에 대해 발표한 적이 있다. 한 주 동안 자율학습 시간에 병원을 간다고 빠져나와 피시방에서 발표문을 준비했다고 하였다. 그의 발표를 듣고 학생들끼리 한국과 일본의 만화에 대해 공방을 벌였다. 학교에서 최상위권인 고3들이 만화에도 조예가 깊었다. 네 시간에 걸쳐 격론을 벌였는데 다른 학생이 다음 주에 많은 자료를 들고 와서 논쟁의 불씨를 살렸다. 학생들은 다시 난상토론을 벌였다. 그 방면에 취약한 나는 그 토론에서 많은 것을 배웠다.

수재들은 엄마와 함께 공부의 바탕을 다진 뒤 친구들과 경쟁하며 성장한다. 승부욕이 강해 공박을 당하면 다른 공부를 밀쳐두고 토론을 준비한다. 추천도서를 같이 읽고 토론하면 그와 관련이 있는 책까지 읽고 와서 논의를 주도하려 한다.

하수는 고등학생에게 독서를 권하면 공부할 시간을 빼앗는다고 불평한다. 독서는 공부가 아니라고 생각하는 까닭이다. 하기야 자율학습 시간에 책을 읽으면 공부를 안 한다고 야단치는 교사도 있다. 교사마저 독서를 공부로 보지 않는 것이다. 책을 읽은 뒤에 친구들과 토론하면 논술과 면접은 물론 수능도 잘 본다. 경제적으로 공부할 수 있는지라 고수는 고등학생 자녀에게 독서를 권해도 그 의도를 이해한다.


선행 학습에 주력하여 대학에 들어간 학생은 대학에서 맥을 못 춘다. 학습 능력을 대학에 가는 데 모두 쏟아내어 대학에서 공부할 여력이 없기 때문이다. 대학에서는 열악한 환경에서 실력을 쌓은 학생이 뒷심을 뿜어낸다. 적기에 기초를 다진 학생은 대학을 나온 뒤에 저력을 발휘한다. 가령 사법시험에는 과외를 많이 받은 특목고나 자사고 출신이 좋은 성적으로 많이 합격한다. 그러나 사법연수원에서 그들이 일반고 졸업생에게 밀리는 경우가 많다. 특목고나 자사고 출신이 일반고생보다 타율적인 선행 학습을 많이 해서 자율적인 학습 능력이 떨어지기 때문이다.

고수는 자녀가 중학교에 다닐 때까지는 진도에 따라 공부하도록 한다. 옆집 중학생이 고등학교 과정을 공부해도 책을 읽으면서 제 과정을 밟도록 한다. 그 자녀는 학년이 올라갈수록 공부를 잘한다. 자녀가 스스로 바탕을 다지며 공부하니 대학을 나와서도 사회생활을 잘한다.

고수는 수학의 경우, 자녀가 개념을 익히고 문제를 풀도록 지도한다. 선행 학습은 수학에 국한하여 학교의 진도보다 반 학기 정도 먼저 한다. 그나마 기초를 다지는 쪽에 무게를 두어 자녀가 학교 수업을 충실하게 받도록 한다.

하수는 초등학생 자녀의 등수를 따진다. 그 자녀는 선행 학습을 많이 하여 초등학교에서는 공부를 잘하는 것 같지만 중학교에 가서는 성적이 떨어진다. 그때 다시 과외를 해도 자녀가 공부를 싫어하니 뜻대로 안 된다. 과외도 공부를 열망하는 학생이 유능한 선생을 만나야 효과를 본다. 하수는 선생을 중시하는데 과외의 성패는 선생이 아니라 학생에게 달려 있다. 자녀에게 공부할 마음이 없는 데다 엄마까지 성적을 빨리 올려주기 바라면 족집게 도사도 힘을 못 쓴다. 엄마의 눈치를 보느라고 가르치는 데 힘을 쓰지 못하기 때문이다.

언젠가 한 엄마가 나에게 논술 과외를 해달라고 요구했다. 나는 논술은 단기에 효과를 보기 어려울뿐더러 서로 토론하고 강평하는 방식이 효율적이라고 생각하여 그 요청을 거절했다. 그 엄마는 돈을 많이 주면 과외에 응할 줄 알고 매달렸으나 여러 이유를 들어 과외는 안 한다고 했다. 바탕이 부실한 학생의 엄마일수록 성급한데 그 자녀는 제대로 가르치기 힘들다. 그런 엄마는 한 달도 못 되어 실력이 안 오른다고 하기 십상이다.

배경지식이 튼튼하면 논술 실력을 단기간에 올릴 수 있다. 그때도 논술은 개인 과외보다 열 명 안팎이 토론하는 게 효율적이다. 토론하며 서로 배우고 가르치다 보면 학생은 물론 선생도 함께 자란다. 선생과 학생이 서로 자극하며 상호 교육을 하는 셈이다. 토론은 실력을 모두 동원하여 짧은 기간에 여러 분야를 다룰 수 있다. 기초가 부실할 때 단기에 실력을 올리려면 토론하면서 배경지식까지 확충하면 된다. 창피를 무릅쓰고 토론하다 보면 논술 실력이 오른다. 약자가 그런 수업을 따라가려면 배경지식을 익히면서 논술을 써야 한다. 학생이 도전적이고 엄마가 교육 원리를 이해할 때 그런 강훈련을 감당하여 실력을 올릴 수 있다.

선생과 학생의 공부 궁합이 맞고 엄마가 선생을 믿으면 한 번에 여러 단계도 오를 수 있다. 진은 고등학교 2학년 때 수학 성적이 나빠 과외 교사에게 과외 수업을 받았다. 그 지도를 잘 따라 수능 때 좋은 성적을 얻었다. 안사람이 자녀의 수학 공부로 걱정하는 몇 사람에게 그 과외 선생을 소개했다. 하지만 그 자녀들은 대부분 도중에 과외를 그만두었다. 서로 교육 궁합이 맞지 않아 포기했을 것이다.

기초를 체계적으로 다진 학생은 어려운 문제도 풀 수 있다. 기초가 부실하면 바탕을 다지면서 문제를 풀어야 하니 부담스러워 공부 자체를 그만두는 수가 많다. 모든 공부는 바탕이요, 바탕이 바로 공부이니 바탕을 제대로 다져야 성적이 오른다.

고수는 자녀가 어릴 때부터 지적 호기심을 자극한다. 그런 아이는 바탕이 튼튼하여 갈수록 공부를 잘한다. 고수는 자녀의 학습 습관을 잘 들여 스스로 공부하게 한다. 그러니 갈수록 실력이 올라가는 것이다.

# 반석 위에 집을 짓는다

고수는 자녀가 잘하는 게 무엇인지 살핀다. 자녀가 시간 가는 줄 모르고 하는 활동을 알아둔다. 그런 사항을 참고하고 지식과 경험을 동원하여 자녀의 진로를 모색한다. 목표를 정하면 학습 동기를 갖고 스스로 공부하기 때문이다.

공부의 바탕은 여러 활동을 하는 동안에 마련한다. 나는 농촌에서 초·중·고를 다녔다. 고등학교를 나올 때까지 학원에 가본 적이 없다. 고등학교에 다닐 때도 집에 오면 일하기 일쑤였다. 그 덕분에 일보다 공부가 쉽다는 사실을 체득했다. 어릴 때 공부의 바탕을 시나브로 다진 셈이다. 유치원이 있는 줄도 몰랐으나 교회에서 성경을 공부하고 서구식 사고를 익혔다. 구약성서에서 유대인의 삶을 배우며 학습 동기를 유발했다. 가난하고 못 배운 부모 아래서 태어났기 때문에 문자는 학교에 가서 익혔다. 음성 언어로 기초를 든든하게 다진 뒤에 문자 언어를 배운 것이다. 부모에게 공부하라는 말을 들은 적이 거의 없는데 중학생이 되면서 공부를 그런대로 하기 시작했다. 공부를 계속 하고 싶어 무리해서 대학에 갔다. 때문에 부모와 형제에게 부채의식을 갖고 공부했다. 지금도 공부를 열심히 하여 그 마음의 빚을 갚으려 한다.

대학을 나온 뒤에 여러 일을 했으나 모두 공부와 연관된 직업이다. 저술도 살면서 얻은 지식과 경험을 활용하려는 뜻으로 시작했다. 나름대로 바탕을 쌓으면서 나가는데 능력에 벅찬지라 많이 터덕거린다. 그동안 시행착오를 겪으며 마당을 닦았으니 좋아질 줄 안다.

삶의 바탕은 꿈을 바꾸며 다져도 괜찮다. 중학생 시절까지는 수시로 희망을 바꾸는 게 정상이다. 사춘기에는 마음이 하루에도 몇 번씩 변하기 때문이다. 뇌과학자들은 사춘기에는 감정 못지않게 뇌력도 변한다고 한다. 자신과 현실을 보는 눈이 달라지니까 포부를 자주 바꾼다. 고수는 자녀가 헛된 소망을 가져도 나무라지 않는다. 성장하면 현실을 안다고 생각하며 여러 분야에 관심을 가지고 삶의 바탕을 다지기 바란다. 현실에 대응하면서 노력하다 보면 꿈을 찾아 이룬다고 믿는 것이다.

고수는 아이를 갖는 순간부터 아빠와 함께 아이의 공부 기초를 잡는다. 임신은 아빠와 엄마, 그리고 태아가 행복하게 살자는 약속이다. 고수는 삼자 협정을 지키려고 노력한다. 손해를 보면서도 약속을 지켜 자녀에게 신뢰를 얻는다. 바탕이 튼튼하니 그 자녀는 세상에 나와 편하게 공부한다. 엄마가 든든한 배경이 되므로 그 자녀는 자신감을 갖고 공부한다. 고수는 이혼한 경우에도 자녀의 공부 바탕을 든든하게 다진다. 자녀를 생각하여 정서를 잘 다스린다. 어떤 상황에서도 반석이 되어 자녀와 함께 삶을 누린다.

엄마가 기분에 따라 아이를 대하면 아이는 엄마의 눈치를 본다. 신경을 엄마에게 쓰느라고 자신을 가꾸지 못한다. 아이가 사춘기에 이르면 그런 엄마에게 반발하게 된다. 자연히 엄마와 자녀가 부딪친다. 하수는 자기에게 관대하고 자녀에게 엄격하여 자녀가 엄마 때문에 고생한 일을 생각하지 않고 자녀를 나무란다. 범죄심리학자들은 엄마가 감정에 따라 다르게 대한 자녀가 범죄를 잘 저지른다고 한다. 엄마가 자녀의 정서를 불안하게 만들면 빗나가기 쉽다는 말이다. 아이가 마음이 흔들리는 가운데 심신을 기울여 공부하기 어렵다. 흔들리는 바탕 위에 집을 짓지 못하는 이치와 마찬가지다.

공부는 심신을 튼튼하게 다진 뒤에 실행할 때 잘하게 된다. 단어 하나도 바탕이 튼튼해야 그 뜻을 제대로 이해한다. 아이에게 '잡아라!' 하면 손으로 움켜쥔다. '잡다'라는 말에는 그 의미 말고도 '체포하다', '세우다', '취직하다', '파악하다', '짐작하다'… 등 수십 가지 뜻이 들어 있다. 초등학교 과정에서는 그 가운데 구체적인 의미 몇 개를 주로 배운다. 고등학교에서는 그 가짓수가 늘어날뿐더러 추상적인 의미까지 더해진다. 산술적으로 몇 배지만 난이도는 그 이상이 된다. 초등학교에서 그 뜻을 대강 알고 지나가면 고등학교 문학 작품에서 비유적인 개념을 정확하고 신속하게 파악하기 힘들다. 때문에 난이도가 높은 문제가 나오면 맞추지 못한다.

만학도가 영어에서 단기간에 실력을 올리는 수가 있다. 그에게는 지식과 경험이 많아 언어를 이해할 수 있는 촘촘한 그물망이 있기 때문이다. 그래서 문학적인 표현도 그 뜻을 잘 유추한다. 암기력은 떨어져도 이해력이 높다 보니 언어 실력을 빨리 끌어올리는 것이다.

한숙이는 못 배운 한을 방송통신대학에 다니며 풀었다. 영어 때문에 고비를 맞았으나 딸에게 구원 요청을 하여 영어 공부를 했다. 딸에게 영어 과외를 받은 덕분에 과락을 면하고 학위를 취득했다. 국어의 어휘력을 응용하여 영어 공부를 속성으로 수행한 덕분이다. 딸에게 언어 공부의 비결을 일러주어 딸도 국어 실력을 올렸다. 영어와 국어는 언어라서 엄마의 조언이 통했다.

그는 수준에 맞고 재미있는 교재부터 보았다. 그다음에 단계를 쑥쑥 올렸다. 딸에게 배우면서 공부하라는 잔소리를 줄이자 딸도 스스로 공부했다. 딸과 함께 공부하며 서로를 이해하게 되어 서로 자매처럼 지낸다. 공부에 재미를 붙인 그는 지금도 드라마보다 책에 빠져 산다.

엄마가 집에서 자녀의 공부 바탕을 잘 다지면 자녀가 학교에 가서 공부를 잘한다. 자녀가 학습 기초를 다진 뒤에 성공 체험을 맛보니 자신감을 갖고 스스로 공부한다. 고수는 자녀의 바탕이 공부의 전부라고 생각하여 자녀에게 기초를 강조한다. 그 자녀는 기초를 소홀하게 여긴 사람보다 늦게 시작해도 집을 잘 짓는다.

# 늦을수록 제 길로 간다

## 바쁠수록 느리게 걷는다

대입을 코앞에 둔 자녀가 국어를 못하면 엄마는 비법을 찾는다. 국어 공부에 긴급 처방이 있기는 하다. 바로 늦을수록 제 길로 걷는 것이다. 국어는 사실을 이해한 다음에 논리를 따질 수 있는 까닭이다. 대안은 간단하나 실천은 복잡하다. 국어는 학습량이 많아 고3이 단계적으로 공부하기 어렵기 때문이다. 묘수를 찾는 고3 엄마에게 바쁠수록 돌아가야 한다고 되풀이할 때마다 엄마들도 비슷하게 대꾸한다.

"다른 애들은 공부를 안 해도 국어 점수가 잘 나오는데 우리 애는 열심히 공부해도 성적이 안 올라요."

자기 자녀가 공부한 내용은 태교에서부터 모조리 기억하는 데 견주어 다른 아이에 대해서는 점수만 아니까 하는 말이다. 고등학교 3학년이면 20년 동안 국어를 공부한 셈이다. 같은 수험생이라도 국어 실력이 천차만별이다.

국어 성적은 학습 과정을 압축해서라도 거쳐야 올릴 수 있다. 하수는 자녀의 점수를 빨리 올리고 싶을 뿐 체계적인 학습에는 소홀하다. 국어 공부의 정석을 무시하고 자녀를 엉뚱한 곳으로 내몰아 국어를 망친다.

바다에 물 몇 그릇 붓는다고 해서 수면이 안 오르듯 고3이 문제집 몇 권 푼다고 국어 성적이 올라가지 않는다. 같은 1등급이라 해도 영어는 1만 단어를 알면 되지만 국어는 10만 어휘는 알아야 한다. 우리말이지만 학습량과 난이도까지 감안할 때 적어도 국어가 영어보다 몇 배는 어렵다. 실제로 상위권이 가장 어려워하는 과목이 국어다. 어머니 뱃속에서부터 국어를 제대로 배운 학생을 한두 달 동안 국어에 매달린 사람이 따라잡기 힘들다. 국어는 어릴 때 배울수록 효과가 클뿐더러 그 실력이 오래간다. 국어는 분량이 많은 데다 단계를 줄이기도 힘든 터라 고등학생이 되면 어디서부터 어떻게 시작해야 할지 모르는 것이다.

고수는 급할수록 자녀와 함께 제 길로 걸어간다. 자녀가 점수보다 향상에 목표를 두고 나아가기 바란다. 그리하여 마지막에 좋은 성과를 낸다.


예비고 3학년 한수와 그 엄마가 학원에 와서 겨울방학 때만 공부하게 해달라고 간청했다. 원칙적으로 예비고 3학년은 받지 않았으나 모자가 애원하여 같이 공부하자고 했다. 그렇게 매달리던 학생들이 한 달도 안 되어 돌아서는 경우가 많았는데 한수는 달랐다. 나와 공부 궁합이 맞았는지 다음 해 3월이 되어 학원에 나오지 말라고 해도 계속 다니겠다고 우겼다. 고3은 혼자 공부하는 게 정석이며 다른 3학년은 모두 학원을 그만두었다고 말했다. 그러자 2학년과 같이 공부하면 안 되느냐고 떼를 썼다. 하는 수 없이 9월까지 2학년과 같이 공부하자고 했다. 한수는 이과인지라 국어에 치중하다 수학과 과학에 지장을 줄까 봐 걱정되었다. 시험에는 변수가 많으니 국어 실력의 향상을 장담할 수 없어 부담이 컸다.

고3이라 시험을 자주 치렀지만 그 모자는 점수에 일희일비하지 않았다. 그래서 그들과 함께 험한 길로 오를 수 있었다. 나는 한수에게도 '가르치지 않는다. 다만 확인할 뿐이다.'는 교육원칙을 고수했다. 3학년이라 학습 부담이 컸을 텐데도 그는 내 수업방식을 따랐으며 예습과 복습도 잘해왔다. 결국 수능 국어에서 점수를 잘 받아 서울대에 진학했다. 상향지원을 못한 게 아쉽다고 했으나 재수해도 국어 점수를 이보다 잘 얻을 자신이 없다고 하면서 지원한 학과로 진학했다.

이과생은 일물일어一物一語, 곧 한 사물에는 하나의 말만 있는 줄 아는 수가 있다. 어릴 때부터 수학과 과학을 좋아하여 언어의 의미를 사전적으로 해석한다. 그러다 보니 상징이나 비유가 많은 문학에 약하다. 문학은 세계관과 역사, 그리고 문화를 알아야 그 뜻을 이해할 수 있는지라 이과생이 점수를 빨리 올리기 힘들다. 한수는 막판까지 국어의 바탕을 다지면서 문제를 풀었는데 다행히 그게 통한 것 같다.

고3도 국어 공부의 필요성을 절감하고 험악한 길로 오르면 국어 점수를 빨리 끌어올릴 수 있다. 늦을수록 느긋한 자세를 가지고 여러 단계를 압축해서 거칠 때 단기간에 국어 점수를 향상시킬 수 있다. 족집게 도사에게 강의를 받는 사람보다 스스로 문제를 해결해본 사람이 실전에서 실력을 발휘한다. 시험이 가까울수록 타인이 아니라 자신에게 매달려야 실력이 붙는다. 혼자 끙끙대며 문제를 해결하여 상승세를 유지하던 학생은 대체로 마지막에 웃는다. 수능 시험에서 국어는 첫 교시에 치르는 까닭에 국어를 망치면 다른 과목에도 부정적인 영향을 미친다. 입시 직전까지 열심히 공부한 학생은 시험 시간에 한 문제라도 더 맞추려는 태도를 보인다. 그런 근성을 가진 학생이 대입에서 좋은 성과를 낸다. 국어의 성공 여세를 몰아 수능을 잘 치르기 때문이다.

　뒤늦게 수강생으로 받아달라고 떼를 쓰면 나는 학생의 자세를 알아보려고 압박 전략을 쓰곤 했다. 한수도 국어만 올리면 서울대에 갈 수 있다고 하여 그 전략으로 마음을 떠보았다. 여학생이 많은 반에서 어려운 질문을 하여 모른다고 하면 어떻게 이런 실력으로 서울대에 가려고 하느냐고 힐책했다. 공부하려는 열망이 적은 학생을 몰아붙이면 대부분 나가떨어진다. 한수는 그 통과의례를 잘 견디더니 열심히 공부하여 뜻을 이루었다.

　하수는 제 길로 가려고 하는 자녀를 가로막는다. 개인의 특성을 고려하여 이해력과 표현력을 보강하려고 요약 연습을 시키는데 왜 논술을 안 쓰느냐고 따진다. 자녀에게 긴요한 교수법을 구사한다고 하면 자기 요구를 들어주지 않는다고 하며 자녀를 다른 학원으로 옮긴다.

엄마가 학원을 바꾸는 바람에 마음이 흔들려 제대로 공부하지 못해 그 자녀는 대개 꿈을 못 이룬다.

고수는 바쁠수록 느리게 걷는다. 자녀에게 위기를 제대로 해결하는 모습을 보여 준다. 누구에게 무슨 말을 들어도 자신의 교육 철학을 견지한다. 해법을 아는지라 급해도 자녀에게 제 길로 가도록 한다. 늦더라도 정도로 걸어갈 때 성공하는 줄 알기 때문이다.


## 막판까지 힘을 다해 달린다

대입은 막판에 가봐야 승패를 안다. 이른바 전화 찬스의 희망 고문이 끝나야 판을 걷는다. 대입에서는 막을 내릴 때까지 최선을 다해 달리는 사람이 이긴다. 고수는 자녀가 대입원서를 낼 때부터 대입 전쟁을 마감할 때까지 자녀와 함께 전력으로 질주한다.

부모와 자식은 특별한 사이인 데다 서로 기대하는 사항이 많아 부딪치기 일쑤다. 그래서 할아버지가 손자를 가르칠 수는 있으나 아버지가 자식을 교육하기는 힘들다.

부자간에 차마 못할 일이 내 앞에 일어났다. 진이 고등학교 3학년 6월에 교육평가원에서 실시한 수능모의고사 영어에서 3등급을 맞은 것이다. 다른 길이 없고 다급하여 내가 아들을 가르치기로 하였다. 다행히 나와 함께 5개월쯤 공부한 뒤에 영어에서 1등급을 얻었다. 정답은 아니지만 하나의 답안인지라 끝까지 달려야 한다는 차원에서 그 과정을 말한다.

특별한 조건에서 얻은 일회적 성과를 들고 '나를 따르라'고 외치는 게 아니다. 여기에 구체적인 방법을 들었으나 오히려 따라하면 위험하다고 생각한다. 교육 경력이 20년 넘은 50대 국어 선생과 그 아들이 총력을 기울여 얻은 결과이니 그 원리와 철학을 참고하기 바랄 뿐이다.

나는 현실을 직시하고 다급한 속에서 정석을 따랐다. 우리 부자는 과외나 학원 수업은 의미가 없다고 보았다. 도리 없이 진과 내가 난제를 해결하기로 했다. 문제는 내가 영어를 잘 모른다는 데 있었다. 나는 국어 선생으로서 영어를 국어처럼 교육하기로 했다. 예습한 내용을 확인하는 방식이다. 학생에게 선생 역할을 맡기는 교수법인데 내가 애용한 방식이다. 나는 이 방법을 토대로 자식을 가르쳤다. 진이 학교에서 밤 11시 무렵에 집에 오면 영어 공부를 시작하여 새벽 1~2시까지 일주일에 세 번씩 수업을 했다. 영어 때문에 고민을 많이 했는지 진은 나와 함께 그 길을 달렸다.

EBS 문제집의 지문을 아들이 해석하면 답안지 해설을 보며 뜻이 통하는지 살폈다. 그 내용이 80퍼센트쯤 맞으면 진도를 나갔다. 맞춘 문제는 넘어가고 틀린 문제는 힌트를 주어 다시 풀게 했다. 오답 문제는 표시했다가 뒤에 따로 점검했다. 한 번에 수십 문제씩 풀어야 하니 진은 학교에서 영어 예습에 주력했다. 교재에 모르는 단어를 표시하면 아내가 그것을 컴퓨터에 입력하여 단어집으로 만들었다. 그 단어집과 수능 단어집에 나오는 단어를 대상으로 주말마다 시험을 치렀다. 그 점수가 90점을 넘으면 통닭을 사주었다. 진이 좋아하는 간식으로 당근을 삼은 것이다.

나와 함께 공부한 뒤로 진은 모의고사 영어에서 가끔 1등급을 받았다. 자신감을 얻었는지 고난도 문제에 도전했다. 빈칸 채우기나 문법은 인터넷 강의로 보충했다. 다른 과목은 한숨 돌린 터라 영어만 잘하면 괜찮은 대학에 가겠다는 마음이 들었다. 진도 그렇게 생각했는지 영어에 더욱 매진했다.

영어도 언어인지라 국어 선생인 내가 도와줄 구석이 있었다. 수능영어는 번역해놓으면 수능국어와 같을뿐더러 그 내용은 미국 초등학교 6학년 수준이기 때문에 국어 실력을 활용해서 해결한 만했다. 영어 지문에는 서양 문화가 깔려 있으므로 문제를 풀다가 막히면 서양에 대한 지식을 총동원하여 해결하라고 조언했다. 비상시기에 진은 나와 함께 영어의 절벽을 넘었다. 영어 공략 작전을 비장하게 수행한 덕분이다. 무슨 일이 있어도 약속한 진도는 나갔다. 모르는 단어를 줄이는 만큼 실력이 늘어난다고 생각하여 수능 시험을 보는 날까지 단어를 외우도록 했다.

운이 좋았는지 진은 영어에서 1등급을 맞았다. 다른 과목도 잘 치러 재학생과 재수생을 통틀어 전교에서 수석을 했다. 초·중·고에 다니는 동안 수석은 처음이자 마지막이었다. 국사를 선택하지 않아 서울대에 원서를 못 내는 점이 아쉬웠다. 내신이 3등급이라서 일찌감치 서울대를 제쳐 놓은 일을 후회했다.

자신감이 넘쳤으나 수시에서 연세대와 고려대도 떨어지고 말았다. 국어, 영어, 수학이 모두 1등급이면 연세대나 고려대는 쉽게 들어갈 줄 알았는데 두 대학 경영학과는 우선선발도 경쟁이 치열했다. 내가 논술학원을 운영하였기에 논술도 중학생 때부터 준비하였지만 명문대에 들어가기에는 역부족이었던 모양이다. 내신이 나빠 탈락했는지 모른다. 정시에 지원한 대학에서 모두 떨어지는 바람에 진은 재수해서 고려대 경영대학에 들어갔다. 재수한 해에는 영어에서 1등급을 맞지 못하였는데 논술로 역전하였다. 이른바 칠전팔기였다. 수시와 정시를 더하면 말 그대로 7번 떨어지고 8번째 합격했다.

돌아보면 정말 위험한 전략을 많이 구사했다. 진이 부정적으로 생각하면 자신감을 떨어뜨릴 수 있는 방법을 많이 썼다. 그 방안이 그런대로 통했다. 진이 밝은 쪽을 바라보며 자신감을 발휘하여 그런 듯하다. 나는 끝까지 고전적인 학습 방법을 실천했다. 남들이 지쳐서 걸어갈 때 제 길로 빨리 달렸다. 그 결과 막판에 웃을 수 있었다.

나는 현실을 인정하고 자녀와 함께 영어 공부를 했다. 국어 선생이 미친 짓을 한다고 생각했으나 진에게 내 생각을 말하지는 않았다. 이 땅에서 대학은 수학이 가르지만 인생은 영어가 나누기 때문이다. 한국에서 살아남으려면 영어를 공부할 수밖에 없다. 영어 공부를 안 하면 좁은 길을 통해 대학에 들어가도 세상에서 자기 뜻을 펴는 데 한계가 있으므로 현실에 적응하였다.

고수는 자녀와 함께 지금 여기에서 해야 할 일을 한다. 피할 수 없는 일을 즐기며 성과를 낸다. 제도를 들먹이고 나라를 원망하는 대신 자녀가 단어 하나라도 더 외우도록 돕는다.

가족이 막판까지 처음처럼 달리면 좋은 기록을 얻는다. 자녀의 공부를 남에게 맡길 일이 아니다. 부모가 집에서 자녀와 함께 공부하면 여러모로 유익하다. 그럴 때 자녀와 더불어 부모의 격도 올라간다. 가족이 막판 뒤집기에 참여하면 그 일은 가족사에 길이 빛난다.

고수는 늦을수록 제 길로 걷는다. 가다가 넘어져도 길게 볼 때 유익하다고 생각하며 나아간다. 비싼 수업료 내고 경험의 학교를 다닌 셈으로 알고 자녀가 대입에 실패해도 담담하게 받아들인다. 사람은 시행착오를 겪으면서 자란다고 여기는 까닭이다.

# 조건에 따라 문제를 푼다

## 문제는 적기에 해결한다

엄마는 자녀를 통해 자신의 문제를 풀려고 한다. 그래서 자녀가 좋은 대학에 가면 자기가 성공한 것처럼 기뻐한다. 등골이 빠져도 자녀를 대학에 보내니까 대학을 모골탑母骨塔, 곧 엄마의 뼈로 쌓은 탑이라고 한다. 자녀가 대학을 졸업하면 엄마는 정말 껍데기만 남는다. 그럴 줄 알면서도 한을 풀려고 자녀를 대학에 보낸다.

자녀는 엄마를 잘 만나야 인생이 술술 풀린다고 말한다. 맞는 말이다. 사람 팔자는 엄마에 따라 정해진다. 인생은 엄마 뱃속에서 흙수저를 타고 나느냐 금수저를 물고 나오느냐에 달려 있다. 대입에서도 수험생 다음으로 엄마가 중요하다. 서울대 신입생들은 대입에서 부모의 영향력을 20퍼센트로 여긴 데 견주어 교사 역할은 3퍼센트 안팎이라고 했다. 자녀의 대학은 교사가 아니라 엄마가 가른다는 말이다.

자금과 열정이 많은 엄마가 자녀 교육에 성공한다. 강남에서는 학교에서 시험을 보면 장사가 안 된다고 한다. 엄마가 가족에게 금족령을 내리기 때문이다. 자녀가 고3이면 부부관계를 삼간다고 할 정도다. 그들은 자녀를 특목고나 자사고에 보내려고 자녀가 유치원에 다닐 때부터 준비한다. 좋은 대학에 들어갈 때 그런 고등학교가 유리하기 때문이다. 강남 엄마들은 자원과 정보가 풍부하여 자녀에게 조금만 정성을 기울이면 고수가 된다.

강남에는 고수 못지않게 하수도 많다. 그래서 그곳에는 다른 지역보다 소아정신과가 많다. 하수는 아이를 억지로 영어유치원에 보냈다가 초등학교에서 적응하지 못하면 아이를 병원에 데려간다. 자녀 교육을 남에게 돈을 주고 수행하다가 문제가 생기면 다시 돈을 들고 또 다른 사람을 찾아간다. 영어유치원에서 자유롭게 공부하던 아이가 엄격한 초등학교 교사를 만나면 곤욕을 치른다. 당연히 엄마도 낭패를 당하게 된다.

엄마의 격은 주어진 조건에서 문제를 해결하는 능력에 따라 달라진다. 고수는 자녀가 자라는 데 따라 적절하게 문제를 해결한다. 자녀 교육을 문제해결의 연속으로 보고 날마다 문제를 풀면서 나아간다. 자녀가 말하지 않아도 그 언행을 보고 문제를 감지한다. 자녀의 고민을 알아주니 자녀도 엄마의 고생을 이해한다. 고수는 자녀 교육은 자기와 자녀가 해답을 만들어가는 길이라고 생각한다. 자녀 교육을 주체적으로 실행하는지라 다른 사람의 조언도 나름대로 수용한다.

흔히 초등학교 4학년 때 대학이 갈린다고 말한다. 그때 학습 습관을 잘 들이면 명문대에 들어간다는 말이다. 그 시기에 교육 과정이 어려워지므로 그때 나오는 성적은 믿을 만하다. 그러나 학습에 결정적인 시기는 없다. 공부하기 알맞은 때가 있을 뿐이다. 초등학교 4학년 성적은 5학년의 바탕이요, 3학년의 자취다. 교육 과정은 생애주기에 맞게 편성하므로 그에 따라 자녀를 교육하면 된다. 명문대생의 8할은 초등학생 때부터 성적이 좋았다. 그러나 그때 실력이 고등학생 시절까지 한결같이 이어지는 게 아니다. 그들도 부침을 겪지만 꾸준히 노력하면 좋은 대학에 진학할 확률이 높다는 이야기다. 특정한 학년이 대입을 가름한다고 생각하다 문제를 일으킨다. 가령 초등학교 4학년 때 공부를 강요하면 사춘기를 맞은 자녀와 갈등하기 쉽다. 사춘기에 엄마와 관계가 어긋나면 자녀의 공부는 물론 인생에 지장을 준다. 자녀 교육에서 어느 시점만 중시하면 인생길에 지장을 가져온다는 말이다.

자녀 교육은 종합 예술이요, 장거리 경주다. 조건에 따라 문제를 총체적으로 해결하며 정진해야 멋지게 마무리할 수 있다. 어느 때든 똑같이 중요하다. 조기교육이 대입을 좌우한다고 하여 어릴 때 과잉 교육을 하면 길게 가지 못한다. 엄마가 강요하여 억지로 공부한 자녀는 자발성이 떨어져 중학교에 가면 성적이 추락한다. 그들은 결국 좋은 대학에 들어가기 힘들다.

고수는 자녀에게 적기에 적절한 교육을 제공한다. 한때 조기유학 열풍이 불었으나 성공했다는 소식은 들리지 않는다. 오히려 실패 사례가 늘어 최근 8년 사이에 조기유학은 3분의 1로 줄었다. 조기유학의 목표를 대학 입학에 두니 그나마 괜찮은 대학에 들어가도 적응하지 못하는 예가 많다.

동서고금을 떠나 공부의 왕도는 적기에 시작하여 지속하는 것이다. 어릴 때 체력과 뇌력을 기른 뒤에 공부해야 갈수록 성적이 오른다. 길게 보면 적기에 자율적으로 공부한 학생이 조기에 타율적으로 공부한 사람을 이긴다. 조기에 공부한 학생은 학교 수업에 집중하지 않아도 성적이 나오니까 자만한다. 어릴 때 무리하게 교육하면 학습에 거부감을 보이기 쉽다. 조기에 지식을 주입하면 받아들이는 데 급급하여 사고력을 기르지 못한다. 당연히 창의력을 발휘할 수 없다.

초등학생 때는 기초를 다지고 중학생 때부터 본격적으로 공부하면 된다. 적기에 교육하면 고등학교에서 주도적으로 학습하여 좋은 대학에 들어간다. 조기 교육을 통해 괜찮은 대학에 들어가도 대학에서 적응하지 못한다. 조기 교육을 하다 보니 배우는 재미를 알지 못해 나이가 들수록 학습능력이 떨어진다. 만 15세 학생을 대상으로 치르는 국제학업성취도평가 곧 PISA에서 한국 중학생의 성취도는 유대인보다 높다. 그러나 공부에 대한 흥미와 적성은 아주 낮다. 공부가 무엇인지 모르는 아이에게 공부를 강요했기 때문이다. 그 결과 미국 명문대에서 유학하는 학생 가운데 한국계의 중도 탈락률이 가장 높다. 포기비율이 절반에 육박한다. 어릴 때 사고력과 발표력을 기르지 못해 토론 수업을 따라가지 못하기 때문이다. 유대인은 미국 명문대 진학률에서 한국인을 압도하며, 중도 탈락률은 한국인보다 크게 낮다. 한국인은 힘들게 대학을 졸업해도 인내력이 취약하다. 때문에 직장에서 그들을 꺼린다. 그 여파로 조기유학이 줄어드는 것이다.

고수는 자녀가 공부하는 대로 따라가며 가르친다. 자녀가 학원에 보내달라고 해도 그 열망을 확인한 뒤에 지속할 만할 때 보낸다. 형제라도 그 기질과 성격에 따라 다르게 가르친다.

고수는 자녀가 어릴 때는 공부가 재미있다는 사실을 일깨워주는 데 힘쓴다. 그때는 자녀에게 책을 읽어주고, 자녀와 함께 여기저기 다닌다. 평생 학습 시대를 대비하여 어릴 때 학습 바탕을 튼튼히 다진다. 그 자녀는 중년에 들어서며 지식과 경험을 바탕으로 지혜와 통찰을 발휘한다. 그것에 기초하여 늙어서도 창의적인 업적을 낸다.

명문대는 스스로 배우고 생각한 학생이 들어간다. 대입 전형에서는 주로 사고력을 측정하기 때문이다. 좋은 대학에 진학하려면 처음 보는 문제를 해결할 줄 알아야 한다. 유치원에서부터 주입식 교육을 받으면 사고력이 약해 난제를 풀지 못한다. 고수는 자녀 교육을 적기에 시작하여 문제를 적절하게 해결하며, 성과를 낼 때까지 지속하도록 한다. 그 자녀는 대학을 나와 사회를 주도한다.

## 문제를 조건에 따라 푼다

"그때 남이섬에서 그 인간만 만나지 않았어도…."

문숙이가 또 신세타령을 한다. 남이섬에서 그 인간을 만났는데 애가 들어서는 바람에 울며 겨자 먹기로 결혼을 했다는 이야기다. 그 뒤로는 안 봐도 비디오다. 드라마 주인공은커녕 부엌데기가 되었으며, 아들마저 그 인간을 닮았다고 한다. 그 인간에게는 바랄 게 없어 아들에게 기대를 걸었는데 그 아비에 그 아들이라 비극의 끝이 안 보인다는 것이다.

고수는 그때 그 자리에서 조건에 따라 문제를 푼다. 그 이치를 학교에서 시험을 치르며 배웠다. 아이에게 문제가 생기면 그때 그곳에서 조건에 맞게 해결한다. 만인이 "왜 애를 저렇게 키워?" 해도 흔들리지 않는다. 교육의 조건을 스스로 선택하고 그 결과를 책임진다. 엄마들은 저마다 다른 조건에서 자녀를 교육한다. 엄마에게는 자녀를 주어진 조건에서 최선을 다해 가르칠 의무가 있다. 고수는 그 의무를 슬기롭게 수행한다. 그에 따른 결과를 기꺼이 받아들인다.

하수는 그 인간만 떠나면 문제가 풀린다고 생각한다. 막상 이혼하고 자식과 함께 살려고 해도 돈이 없으니 문제에 봉착한다. 경험의 학교에 거액을 지불하고도 배우지 못해 자식까지 망친다. 이혼한 뒤 혼자 아이를 양육하는 엄마의 8할이 전남편에게 양육비를 한 푼도 받지 못한다. 그 인간이 안 보이는 곳이 천국이라고 생각하여 양육비 문제를 소홀하게 생각하기 때문이다. 아빠와 엄마가 싸우는 모습을 보고 자란 데다 이혼한 뒤로는 엄마와 함께 지옥을 헤매니 그 자녀는 공부를 못한다. 엄마가 문제를 잘못 풀어 자식의 길을 막는다. 혼자 힘들게 기른 자식이 엄마를 원망해도 꼼짝도 못한다. 못된 자녀는 엄마의 죄책감을 이용하여 엄마를 종처럼 부리기도 한다. 공부는 못해도 엄마는 기가 막히게 조종한다. 남편 복 없는 년이 자식 호강은 바라지 않았으나 이런 꼴을 당할 줄은 꿈에도 몰랐다고 땅을 친다.

자녀는 엄마에게 문제를 해결하는 방식을 배운다. 엄마가 결혼을 가볍게 생각하면 자녀도 시험을 우습게 여긴다. 자연히 한 문제에 인생이 걸린 것처럼 문제를 푸는 친구에게 성적이 뒤진다. 집과 학교에서 문제해결능력을 못 배운 터라 그 자녀는 사회에서도 적응하지 못한다. 가난은 이렇게 대물림이 된다.

고수는 난제도 담대하게 해결한다. 그 자녀도 그 모습을 보고 위기를 잘 극복한다. 만득이는 전국 모의고사에서 열 손가락 안에 들었다. 수능을 보는 날 후배들이 교문에 늘어서 만득이가 들어갈 때 '만점! 수석!' 하고 외쳤을 정도다. 여러 사람이 기대를 걸자 부담스러웠는지 전국에서 수석은커녕 전교에서 일등도 못했다. 다행히 논술에서 저력을 보여 서울법대에 들어갔다. 지나치게 긴장하여 수능은 망쳤으나 고난에 의연하게 대처하는 엄마를 보고 자란 덕분에 위기를 헤치고 실력을 발휘한 것이다.

고수는 자녀가 대입에 실패하면 자녀와 더불어 재기할 길을 찾는다. 시험은 실력을 점검하여 학습에 대비하는 일이라 생각한다. 그래서 그 결과를 보고 전략을 정비하여 일어설 궁리를 한다. 인생 대전에서 실패해도 그 자녀는 그 경험을 활용하여 재기한다.

요즘 들어 여학생들이 시험 문제를 잘 푼다. 엄마들에게 문제를 해결하는 비법을 전수받아 저력을 발휘한다. 수천 년 동안 약자로 살아온 터라 여자들은 열악한 상황에서 난제를 잘 해결한다. 논술도 평소에는 남학생이 잘하는데 실전에서는 여학생이 강점을 보인다. 여학생이 부정적인 인식을 극복하고 문제에 몰입하여 좋은 성과를 낸다. 여

학생들은 대학에 합격하려는 마음이 간절하여 문제를 적극적으로 해결한다. 그들은 글자마다 정성을 들일 뿐만 아니라 틀린 부분도 깨끗이 수정하여 가독성可讀性을 높인다. 글의 인상을 좋게 하니 채점하는 교수가 점수를 잘 준다. 남학생은 결론을 중시할 뿐 과정은 소홀하게 여기는 데 견주어 여학생은 내용과 형식을 아울러 중요하게 다룬다. 여자는 시험을 절호의 기회로 보아 까다로운 조건을 제시해도 그에 따라 논술을 시원하게 쓴다.

오늘날 각종 채용시험에서 여자가 좋은 성적을 거둔다. 2015년도 행정고시 합격자의 48.2퍼센트를 여자가 차지했다. 역대 최대인 데다 주요 직렬로 구분하는 일반행정, 재경, 국제통상, 법무행정, 교육행정에서 모두 여자가 수석을 했다. 그 외모도 미스코리아 뺨친다. 금녀의 벽이 무너지는 분야마다 여성이 두각을 드러낸다. 이를테면 사관학교에서 여자들이 탁월한 능력을 뽐낸다. '여자가 어디서…' 하는 남자들이 넘보지 못할 여자들이 늘어난다.

고수는 세상의 변화를 인지하고 딸에게 비전을 제시한다. 미래를 밝게 보는지라 그 딸들은 언제 어디서든 담대하게 대응한다. 여학생들은 세상이 자신에게 유리하게 바뀌는 모습을 보고 논술에 진지하게 임한다. 새로운 길을 시험으로 열려고 글자마다 혼을 담으니 채점관도 그 정성에 감동한다. 여학생은 약자로서 논술이 살길이라고 매달리니까 그 열정이 답안지에 스민다. 0.1점으로 당락이 갈리는 시험에서 그 마음이 통하여 좋은 결과를 거둔다. 제약 조건이 많은 데서 살아남은 터라 여성들은 직장에서도 유리 천장을 걷어내려고 힘을 모은다. 여자의 적은 여자라는 음모를 딛고 주어진 상황에서 저력을 쌓아 그 날이 오기만 기다린다. 그들이 하나씩 지면에 얼굴을 드러내고 남자들에게 실력으로 한판승부를 내자고 도전장을 낸다.

지식 근로 시대를 맞아 몸보다 머리를 잘 쓰는 여자가 공정한 경쟁에서 두각을 드러낸다. 바야흐로 근력의 시대는 가고 뇌력의 시절이 왔다. 여자는 군대에 가지 않을뿐더러 평균 수명도 남자보다 길다. 덕분에 남자보다 머리를 오랫동안 끈질기게 쓸 수 있다. 영리한 엄마는 이런 사실을 알고 딸을 통해 집안을 일으키려 한다. 머리를 써서 성공할 만한 분야로 딸을 보낸다. 가능성을 보이면 딸도 팍팍 밀어준다. 지식근로자가 세상을 주도하는 시대가 되어 여자의 길은 자꾸 넓어진다. 고수는 이런 추세를 알고 딸에게 유망한 영역을 추천한다.

남자는 적기에 적절한 행동을 신속하고 정확하게 실행해야 사냥감을 잡았다. 사냥꾼의 후예이다 보니 물리력을 믿고 자기혁신에 게을렀다. 때문에 정보화 사회에서도 남자들은 사냥꾼처럼 목표를 하나씩 공략한다. 백화점에 가서도 겨냥한 물건만 사면 끝이다. 판이 어떻게 돌아가는지 사람들에게 물어보지 않는다. 그러다 보니 표적이 많아진 세상에서 한꺼번에 여러 문제를 해결하는 여자에게 밀린다. 엄마는 나물을 캐면서 친구와 얘기하고, 아이를 달래면서 아빠가 오는지 바라보았다. 멀티 플레이에 강한 엄마 아래서 인생길을 배운 딸이 당연히 아들보다 똑똑하다. 잘 키운 딸 하나면 시원찮은 열 아들 부럽지 않다고 말할 정도다. 갈수록 딸이 주도하는 마당이 늘어난다. 교육계 가운데 초·중·고를 점령한 뒤에 의료계와 법조계도 넘본다. 목표를 뚜렷하게 세우고 공부하더니 마침내 수학에서도 아들을 앞질렀다. 딸이 학교 시험을 평정하자 아들을 키우는 엄마들은 더욱 남녀공학을 꺼린다. 아들이 남녀공학에 들어서는 순간 좋은 대학이 멀어지기 때문이다.

생활환경에 따라 엄마의 조건은 다르다. 조건에 따라 대안도 바뀌어야 한다. 배경이 달라지면 엄마 또한 변해야 생존한다. 고수는 바뀐 마당에 맞게 변신한다. 달라진 세상에서 문제를 척척 해결한다. 세상이 바뀌었다는 사실을 모르는 아빠들은 거리로 쫓아낸다. 자기 혁신을 감행한 뒤에 자녀에게 새로운 세상에서 살아남는 길을 알려준다. 자녀를 새 시대에 맞게 키우고 세상을 새롭게 하는 것이다. 누구든 현실을 똑바로 볼 줄 알아야 살아남는다. 아빠가 현실을 모르면 혼자 죽지만 엄마가 주제 파악을 못하면 자녀까지 망친다. 아니, 엄마가 상황을 직시하지 못하면 삼대의 장래가 암담하다.

# 십 년을 하루처럼 가꾼다

## 십 년을 보고 가꾼다

나는 하루를 십 년처럼 십 년을 하루처럼 살았다. '인생성형' 홈페이지도 가꾼 대로 거둔다고 믿으며 5년을 하루같이 관리했다. 나처럼 시행착오를 겪는 사람을 도우려고 '인생성형'을 시작했다. 내 지식과 경험을 다른 사람들과 함께 나누며 살고 싶었던 것이다.

쓰러진 나무도 정성껏 돌보면 다시 열매를 맺는다. 어머니가 손자들에게 먹이려고 심은 복숭아나무 줄기가 태풍에 세 갈래로 찢어진 적이 있다. 나는 그 나무를 일으켜 세우고 찢어진 줄기를 끈으로 동여맸다. 지주를 세워 줄기가 한 살이 되도록 조치했다. 나무의 자가 치유력을 믿었는데 한 해가 지나니까 상처 부위가 아물었다. 줄기를 묶었던 끈을 풀어보니 찢어졌던 줄기가 감쪽같이 붙어 있었다. 그 나뭇가지가 트랙터에 걸려 이전에 상처가 난 곳이 다시 갈라지고 말았다. 나는 예전처럼 다시 치료해주었다. 두 번이나 같은 곳에 중상을 입었으나 나무는 원상태가 되어 해마다 복숭아가 달린다.

고수는 실패한 자녀의 심신을 어루만져 준다. 자녀를 격려하여 패자부활전에 나가 실패를 딛고 일어서도록 한다. 자녀가 성패를 겪으면서 사람과 세상을 배운다고 믿는다. 세월이 지나면 스스로 상처를 치유하고 성과를 보여주리라 믿는다.

열매가 아니라 나무 자체를 보고 심는 나무도 있다. 우리는 솔방울보다 소나무를 좋아한다. 소나무에게 시련을 견디는 기상을 배운다. 척박한 땅에서 버티는 소나무를 고난에도 굴하지 않고 우뚝 선 사람처럼 생각한다. 그래서 바위틈에서 수백 년을 버틴 소나무를 칭송한다.

나무마다 쓸모가 다르니 길게 보고 가꿀 일이다. 자갈밭에서 자란 오동나무는 더디게 크지만 그 목질이 단단하여 고급 악기의 재료로 쓰인다. 그런 점에서 자녀가 늦게 자란다고 실망할 일이 아니다. 언제 어디에서 무슨 재목으로 쓰일지 모른다. 나름대로 자라도록 놓아두면 언젠가는 제 몫을 한다.

거름 위에서는 나무가 자라지 못하지만 돌밭에서는 나무가 큰다. 기름진 땅에서 성장하는 나무가 돌밭에서 사는 나무보다 생존력이 약하다. 나무에게는 지금 자라는 곳이 낙원이다. 메마른 땅에 적응하면 땅과 나무가 하나가 된다. 나무는 스스로 땅을 선택하지 못하므로 자신을 땅에 맞춘다. 나무처럼 조건에 따라 사는 엄마가 바로 고수다.

어머니는 팔순이 가까운데 지금도 복숭아나무를 심는다. 복숭아 알레르기가 있어 복숭아를 만지지도 못하면서 손자들이 좋아하니까 묘목을 심어서 잘 가꾼다. 나무는 하루가 지나서는 컸는지 표시가 안 난다. 한 해가 지나면 몰라보게 자란다. 보이지 않지만 날마다 크는 것이다. 겨울엔 봄을, 봄에는 여름을 준비한다. 때가 되면 꽃이 피고 열매를 맺는다.

나는 학원에서 어머니가 나무를 가꾸듯이 학생을 가르쳤다. 그들의 인생을 생각하며 열정적으로 강의했다. 그 정성이 통하여 학생들이 몰려왔다. 그 수재들이 바라는 대학에 들어가도록 도왔다. 나는 다시 내 자산을 선용하려고 책을 쓴다. 나를 잘 가꿔야 좋은 책을 쓴다고 믿으며 열심히 심신을 갈고닦는다. 갈수록 성숙한 모습으로 독자를 만나 삶의 슬기를 공유하고 싶다.

고수는 자녀를 미래에 뜨는 길로 안내한다. 그러기 위해 현재를 딛고 내일을 바라본다. 자녀가 희망하는 분야에 대해 공부한다. 그 분야에 종사하는 사람에게 그 직업의 현실과 전망을 알아본다. 그쪽에서 지금 성과를 내는 사람이 쓴 책을 읽어 자녀와 이야기할 만한 상대가 되려고 힘쓴다. 자녀의 말을 알아들어야 자녀와 진로를 놓고 고민할 수 있기 때문이다.

고수는 자녀가 좋아하는 분야에서 남보다 잘나가기 바란다. 자녀가 원하는 길에서 최선을 다했다면 성패를 떠나 격려한다. 이론과 실제를 겸비한 뒤에 자녀를 돕는다. 언제 어디서나 자녀에게 모범을 보이는지라 자녀는 엄마를 믿고 따라간다. 자녀가 대학에 갈 때까지 도와주지만 직업 선택은 자녀가 하도록 한다.

자녀의 대입에는 부모의 총력이 영향을 미친다. 부모의 총력 가운데 경제력과 정보력 못지않게 그 지식과 경험이 중요하다. 부모의 여러 역량이 조화를 이룰 때 좋은 성과를 낸다. 엄마가 음악을 알면 자녀를 성악가로 기르는 데 유리하다. 엄마가 음악계에 대해 잘 알면 자녀를 거목으로 키우기 좋다. 음악은 돈이 드는 길이기 때문에 부모가 경제적으로 부유할 때 자녀가 음악을 전공하기 좋다.

고수는 성악가가 되려고 하는 자녀와 함께 십 년을 내다보며 걸어간다. 중학생 때까지는 이론과 실기에 열중하면서 다른 공부도 하도록 한다. 엄마가 성악가의 길을 꿰뚫고 있으면 자녀를 성악가로 기르기 좋다. 고수는 자녀를 장기적인 계획에 따라 교육한다. 장래에 초점을 맞추고 중학교 시절까지는 신체와 정신을 튼튼하게 기른다. 기초가 탄실해야 정상에 오를 수 있는 까닭이다. 엄마가 잘 모르면 자녀에게 배우면서 더불어 자녀의 장래를 가꾸면 된다.

고수는 죽을 때까지 자식 농사에 정성을 쏟는다. 씨야 하룻밤이면 뿌리지만 자식은 수십 년을 키워야 열매를 거둔다. 아이가 아프다고 울면 하루가 몇 년 같다. 그런 시기를 보내고 수십 년을 하루같이 자녀를 가꾸어도 자녀가 열매를 맺지 못하기도 한다. 고수는 자녀의 성공을 못 보고 죽어도 자녀의 뿌리로 돌아간다. 죽어서도 거름이 되어 자녀를 키우려는 뜻이다. 죽은 엄마 덕분에 자녀가 자라 열매를 맺기도 한다. 그래서 고수는 죽을 때까지 자식 농사에 최선을 다한다.

## 가꾼 만큼 거둔다

20여 년 전 내가 초등학교 운영위원으로 활동하면서 겪은 일이다.

"왜 운동회에서 기마전은 안 해요?"

내가 초등학교에 다닐 때와 견주어 운동회를 너무 간소하게 치르는 것 같아 담당 교사에게 물었다.

"지금 그런 거 하다가는 큰일 나요."

"왜 그러죠?"

"말이 힘들면 등에서 아이가 떨어지든 말든 빠져나가요."

그 교사는 현실을 모른다는 투로 이야기했다. 말 역할을 하는 아이가 힘들면 그가 업은 아이를 팽개치고 달아난다는 것이다. 말이 되려는 아이도 드물뿐더러 아이가 말 노릇을 자청해도 엄마가 "왜 내 자식에게 그런 역할을 시키느냐?" 하며 따진다고 했다. 그래서 기마전은 해볼 생각도 못한다고 말했다. 그러면서 요즘 애들은 선생 말을 우습게 안다고 했다. 아이들이 말을 안 들어 기마전은커녕 청소를 시키기도 힘들다는 얘기였다.

교사들은 학생들이 말을 잘 듣기 바란다. 자신이 학교에 다닐 때 교사 말을 잘 듣던 사람이라 학생들도 자기 말에 순종하기 원한다. 학생들이 옛날처럼 교사들에게 복종하지 않자 학생을 군대 캠프에 보내기도 한다. 언젠가 해병대 캠프에서 고등학생 5명이 목숨을 잃은 적도 있다. 교사가 새로운 교육 환경에 맞게 변하지 않고 학생을 바꾸려고 하다 참사를 일으켰다. 교사들이 늙은 아버지처럼 변하지 않으려고 하면서 학생들이 군대 캠프에 다녀오면 말을 잘 듣는다고 좋아한다.

사실은 교사가 학생의 말을 잘 들어야 교육이 제대로 이루어진다. 원활하게 소통하는 인간을 길러내려면 교사가 학생과 말을 부드럽게 주고받아야 한다. 교사와 학생이 수평적일 때 말을 편하게 주고받을 수 있다. 안타깝게도 교사 가운데 학생과 같은 입장에 서려는 사람은 적다. 아직도 전근대적인 교사가 많아 학생에게 지시하고 명령하기를 좋아한다.

그러다 보니 학생이 교사의 잘못을 지적할 엄두도 못 낸다. 학생이 교사에게 정당한 요구를 해도 봉변을 당하기 일쑤다. 전라북도의 어떤 초등학교 교사는 학생이 일기에서 자신의 수업 방식에 대해 문제를 제기했다고 하여 그 학생을 다른 학생들에게 따돌리도록 했다. 똑똑한 학생의 입을 엉터리 교사가 틀어막았다. 교사들은 대부분 학생이 수업 방식에 대해 문제를 제기하면 받아들이지 않는다. 교사는 학생이 말을 안 듣는다고 하지만 학생에게 들어 보면 교사는 아예 학생의 말을 무시한다. 때문에 학생들은 학교에서 상처를 많이 받는다. 학년이 올라갈수록 학생들은 심신을 보호하려고 말을 안 하고 조용히 지낸다.

엄마들도 자녀에게 선생님 말씀 잘 들으라고 이야기한다. 자녀가 교사에게 말대꾸하면 미움을 산다고 생각한다. 사실은 엄마들도 교사에게 말을 못한다. 아이 맡긴 죄로 교사 앞에만 서면 입을 다문다. 밖에서는 엄마 셋만 모이면 교사를 욕하는데 학교에 가서는 모두 교사의 눈치를 본다. 몇 차례 학교운영위원으로 활동하면서 보니 똑똑한 엄마들도 마찬가지였다. 하기야 교사 출신인 나도 교사에게 속내를 드러내기가 조심스러웠다. 그러나 나는 할 말이 있으면 교장에게도 이야기했다. 엄마들은 그 혜택을 보려고 할 뿐 전면에 나서지 않았다. 자녀를 생각하며 학교에서는 말을 조심했다. 세상에 나가면 뻔뻔하기로 유명한 아줌마이자 엄마들이 이러는데 학생들이 교사와 대등한 입장에서 말할 수 있겠는가.

학원에서 토론 수업을 하면서 나는 학생들에게 혼난 적이 많다. 내가 모르는 분야가 많을뿐더러 지식이 폭발적으로 늘어나다 보니 내 밑천이 수시로 바닥을 드러냈기 때문이다. 그런 경우에 학생들은 선생님이 그것도 모르느냐고 면박을 주곤 했다. 학생들에겐 상식인데 선생이 모르니까 하는 말이었다. 평소에 무슨 말을 해도 받아주다 보니 스스럼없이 나를 비판했다. 나는 그 비판을 기꺼이 수용했다. 학생의 비판을 듣고 화를 내는 대신 분발하여 공부했다. 학생들과 토론하면서 '이렇게 똑똑한 학생들을 우리 교육이 다 죽이는구나!' 하고 생각했다. 돈을 받으면서 학생과 더불어 공부했으니 돌아보면 고맙고 미안할 따름이다.

나에게도 변호할 말이 있기는 하다. 지식의 생애주기와 배가주기가 짧아져 먼저 태어났을 뿐인 내가 학생보다 나을 게 없다. 다양한 매체를 드나들며 배운 학생이 선생보다 나은 부분이 많다. 때문에 나는 구차하게 변명하지 않았으며, 결핍을 인정하고 그들과 더불어 토론하며 공부했다. 그들 덕분에 이 책도 쓰게 되었으니 생각할수록 감사할 일이다.

세월호 참사에서 왜 일반인보다 학생들이 희생을 많이 당했을까? 학생이 일반인보다 대기하라는 말을 잘 들었기 때문이다. 선장이 부당한 지시를 할 때는 스스로 판단하여 행동해야 하는데 학생들에게 그런 능력이 없었다. 교사는 교실의 선장이다. 문제 교사가 잘못된 길로 가라고 해도 아니라고 하기 힘드니 학생 입장에서는 미칠 노릇이다. 교사는 교실의 제왕으로 군림하면서 학생을 평가하므로 학생이 그 심기를 건드리기 힘들다. 그래서 학교는 문제 교사를 싣고 위험한 항해를 계속한다. 교사들의 자체 정화능력이 약해 학생들은 불안에 떤다. 학생들은 세월이 빨리 지나 학교를 떠나기 바란다. 감옥 같은 학교에서 문제 교사를 만나면 학생은 상처투성이가 된다. 엄마들도 문제를 알지만 바꿀 수 없으니 내 새끼가 학교에서 무사히 살아남기를 바랄 뿐이다.

그 엄마들이 학원에 오면 목소리를 높인다. 학원은 자기 요구를 들어주기 때문이다. 사교육에는 엄마들이 반할 요소가 많다. 사교육은 현실에 따라 변하며 교육에 대해 책임을 진다. 엄마의 요구에 부응하려고 최선을 다한다. 공교육은 사교육과 달리 서비스라는 말에 거부감을 보인다. 교사는 부모의 뜻을 받아주지 않는다. 문제 교사는 학생은 물론 그 부모도 자기 마음대로 하려고 한다. 사교육에서는 상상하지도 못할 일이다.

고수는 자녀가 학교에서 부당한 일을 당하면 문제를 제기한다. 길게 보면 그런 엄마 아래서 자란 자녀가 꿈을 이룬다. 자녀가 중학생 이상이라면 현실적 고통을 감내하며 엄마를 응원하기도 한다. 고수는 장기적으로 자녀에게 이로운 쪽으로 움직인다.

엄마가 십 년을 하루처럼 가꿀 때 자녀가 성공한다. 살아온 만큼 힘이 되니 어떤 일이든 날마다 최선을 다할 일이다. 오늘 하루가 바로 삶이기 때문이다.

　고수는 현실에 대응하며 살아간다. 자녀가 대학에 간 뒤에도 자녀와 함께 앞을 보고 십 년을 하루처럼 가꾼다. 앞을 보는 눈을 기른 뒤에 그에 맞게 자녀를 지도한다. 미래에 대해 공부하고 아는 것을 실천한다. 남들이 멀고 험하다고 꺼리는 길을 꾸준히 걸어간다.

제3장

# 서로
# 기르며
# 나아간다

# 강점에 따라 교육을 분담한다

## 아빠의 강점을 활용한다

엄마들은 육아를 자기 전담으로 생각한다. 일하는 엄마도 아이가 아프면 조퇴하고 아이를 병원에 데려간다. 직장에 피해를 주더라도 아빠에게는 부담을 주지 않으려 한다.

아내는 교사이고 나는 학원장이다 보니 낮에 시간이 많은 내가 주로 학부모 노릇을 했다. 내 이름을 학부모 명단에 올리고 직접 전화를 받아도 엄마들은 "아기 엄마 좀 바꿔 주세요."라고 말하곤 했다. 아빠는 아이들 문제를 모른다고 생각할뿐더러 아이 문제를 아빠와 상의하기 불편해서 그랬을 것이다. 아내에게 전해준다고 해도 대부분 엄마와 통한다고 하면서 전화를 끊었다. 아빠는 부모로 보지 않았으며, 자녀 교육을 엄마 몫으로 여기는 분위기였다.

더러는 자녀 교육에 성공하려면 아빠는 자녀에게 무관심해야 한다고 말한다. 자녀에 대해 잘 모르는 아빠가 자녀 교육에 나서면 문제가 꼬인다고 보아 그런 말을 한다. 전업주부가 자녀 교육의 전문성을 부각하고, 자기 영역을 지키려는 뜻으로 만들어낸 말인 듯하다. 그들이 아빠를 따돌리고 자녀 교육에서 배타적 권한을 행사하려는 음모인지도 모른다. 집에 선장이 둘이면 자녀가 산으로 가니까 엄마에게 자녀 교육의 조타를 맡기라는 주문으로 볼 수도 있다. 어떻게 보든 엄마가 자녀를 사랑하는 마음을 드러낸 표현이라 하겠다.

하지만 아빠도 엄마 못지않게 자녀를 사랑한다. 관심을 표명하는 방식이 엄마와 다를 뿐이다. 고수는 그런 줄 알기에 아빠의 경험과 지식을 자녀 교육에 활용한다. 아빠가 자녀를 자신과 다른 차원에서 자극하도록 유도하여 자녀를 훌륭하게 키운다. 엄마의 격에 따라 아빠의 품격도 달라진다.

세상이 교육은 엄마의 일이라고 생각하니 교사도 자녀 교육을 엄마 전담으로 여긴다. 어떤 교사는 자녀 교육에서 아빠를 제외하기도 한다. 언젠가 초등학교 여교사가 유인물을 나에게 주면서 엄마에게 전해주라고 말했다. 자녀 교육에 관심이 많아 아빠로서 학부모회의에 참여했는데 나를 엄마 대타로 본 것이다. 젊은 여교사마저 아빠의 교육 분담에 관심이 적어 쓸쓸했다. 아빠로서 용기를 내어 자원을 투자해도 이해할 만한 사람에게도 아빠는 냉대를 당하던 시절이 있었다.

20여 년 전만 해도 엄마와 교사가 아빠를 학부모로 여기지 않았다. 청일점이라 돋보이기는 했는데 엄마와 교사는 불편하게 생각했다.

그들은 나를 엄마의 심부름꾼이나 극성스런 아빠로 보았다. 지금은 아빠도 자녀 교육의 파트너로 인정하는 분위기다. 자녀 교육을 분담하는 일에 먼저 뛰어든 아빠로서 기분이 좋다.

자녀 교육을 전담하던 엄마도 정작 아이가 잘못되면 왜 아이에게 관심이 없냐고 하며 아빠를 원망한다. 하수일수록 공로는 자기가 갖고, 과실은 아빠에게 돌린다. 아빠에게 악역을 맡기고 자신은 열매를 챙긴다. 엄마의 전략에 말려들면 자녀와 관계가 나빠질뿐더러 자녀의 잘못을 책임져야 한다. 그래서 아빠들이 자녀 교육은 엄마에게 맡기고 관여하지 않는지도 모른다.

고수는 아빠와 자녀 교육을 분담한다. 아빠에게 아이를 함께 만들었으니 같이 기르자고 제안한다. 아빠와 더불어 자녀를 교육하고 결과에 대한 책임도 같이 진다. 아빠가 자녀 교육에 참여하면 엄마가 감동하여 자녀를 열심히 돌본다. 엄마와 아빠가 자녀를 함께 가르치는 사이에 자녀는 균형 있게 자란다. 부부 또한 자녀를 중심으로 서로 도우며 살아간다. 그러는 사이에 집안이 저절로 일어난다.

고수는 자녀 교육을 물리적으로 나누지 않고 조건에 따라 유연하게 구분한다. 가족의 상생에 초점을 두고, 양이 아니라 질에 따라 자녀 교육을 분담한다. 자녀를 고려하여 나름대로 잘하는 일을 맡는다. 자녀의 미래를 생각하며 서로에게 힘이 되도록 자녀 교육을 분담하는 것이다.

요즘은 옛날과 달리 엄마가 무섭고 아빠는 편하다. 그보다는 각자 엄격함과 친밀감을 겸비하는 쪽이 좋다. 둘 다 무섭거나 편할 때는 교육의 조화가 깨지기 때문이다. 가령 자녀가 잘못할 때 부모가 모두 엄격하다면 자녀는 양쪽에서 혼나기만 한다. 아이는 위로받을 사람이 없어 비뚤어지기 쉽다.

자녀 교육을 분담하려면 먼저 부부가 서로 존중해야 한다. 아빠가 가부장적 권위를 포기하고 엄마의 의견을 수용할 때 서로 존중할 수 있다. 또한 부부 사이에 말이 통해야 의견을 조율하며 자녀를 교육할 수 있다. 부부가 대화하려면 아빠가 엄마 말을 들어주어야 한다. 그 일은 상대를 인정할 때 가능하다. 상대를 있는 그대로 받아들여야 상대 말에 귀를 기울인다. 그리고 엄마와 아빠가 교육 철학을 공유해야 교육 분담이 가능하다. 엄마와 아빠의 교육 궁합이 맞아야 그렇게 할 수 있다. 교육 분담의 전제 조건을 말하기는 쉽지만 30년가량 다른 집에서 살던 남녀가 의견을 조율하며 자녀를 가르치는 일이 간단하지 않다. 서로 말을 들어주는 일만 해도 존중과 관심, 그리고 이해력이 뒷받침되어야 할 수 있다. 남녀가 불평등한 세상에서 아빠가 노력해야 할 수 있는 일이다. 자기가 건지하는 가치관을 굽히고 유연하게 생각해야 배우자의 말이 들린다. 힘들어도 가정의 품격을 올리는 일이니 해볼 만하다. 엄마가 가정 경영을 잘하면 교육 분담이 갈수록 잘 이루어진다.

옛날에는 아이가 잘못하면 사람들이 "네 아비가 누구냐?"고 물었다. 지금은 자녀 교육의 책임을 아빠가 아니라 엄마에게 묻는다. 엄마가 자녀 교육을 담당하기 때문이다. 때문에 엄마가 무능하면 아이에게 문제가 생긴다. 하수는 아빠가 아이를 나무라면 아빠에게 공부만 잘하면 되는데 왜 아이의 기를 죽이냐고 한다. 그러면서 "당신은 돈이나 많이 벌어 와요!" 하고 쏘아붙인다. 그런 모습을 보면서 아이는 공부를 잘하면 다른 일은 못해도 괜찮다고 생각한다. 아빠를 돈 벌어다 엄마에게 주는 사람으로 인식하는지라 아빠가 경제적으로 무능할 경우, 엄마처럼 아빠를 무시한다. 엄마처럼 그 아이도 아빠의 말을 안 듣는다. 하수가 자녀와 아빠는 물론 가정도 무너뜨리는 것이다.

고수는 아빠의 강점을 활용하여 자녀를 바람직하게 키운다. 가끔이라도 아빠가 아이에게 책을 읽어주도록 한다. 그게 여러모로 유용하기 때문이다. 아빠는 엄마와 목소리가 다른지라 아이는 호기심을 가지고 그 말을 듣는다. 아빠는 현실과 이상을 조화시켜 책을 읽어준다. 현장에서 얻은 경험과 지식을 합하여 책 내용을 재미있게 들려준다. 문체에 따라 강건하거나 역동적인 부분을 그 성격에 어울리게 낭독한다. 책을 활용하여 자녀에게 훈계도 한다. 아빠가 자녀에게 책을 읽어주면 자녀가 성장한 뒤에도 아빠와 친밀감을 유지할 수 있다. 초기 애착은 첫사랑처럼 오래가기 때문이다. 효과를 생각할 때 돈 버는 일 못지않게 중요한 작업이다. 고수는 이런 사실을 알고 어설프고 마음에 안 들어도 아빠에게 책을 읽어달라고 부탁한다.

아빠는 자녀에게 성 역할을 가르치는 데도 제격이다. 요즘 아이들은 초등학교 시절을 대부분 여교사와 함께 보낸다. 사춘기를 맞은 아이에게 아빠가 남성성을 보완해주면 자녀가 양성성兩性性을 갖추게 된다. 그러면 자녀는 남녀가 조화를 이루며 사는 길을 배운다. 부모가 서로 도우며 살면 자녀는 남녀를 상부상조하는 존재로 인식한다. 그 자녀는 자라서 이성과 바람직하게 사귈 수 있다. 아들의 성교육은 아빠가 맡아서 하면 효과적이다. 절제와 책임이 성교육의 핵심이므로 아빠가 남성의 특성에 맞게 성교육을 할 수 있기 때문이다. 어떤 엄마는 아들이 여성 성기를 궁금하게 생각하자 자기 음부를 보여 주었다고 한다. 성교육의 핵심을 벗어났다는 측면에서 잘못이다. 엄마가 위상을 망각하고 자녀의 요구를 다 들어주면 자녀는 절제와 책임을 못 배운다. 부모와 자녀의 경계가 무너지면 서로 욕망에 따라 행동하여 근친상간에 이르기도 한다. 자기 역할과 경계를 모르는 엄마 아래서 자란 자녀는 쾌락의 원리에 따라 행동한다. 그는 절제력이 부족하여 사회생활을 제대로 못한다.

고수는 교육 분담을 통해 가정을 상생의 터전으로 만든다. 집안의 중심을 잡으려고 교육 영역에서 아빠의 권위를 세워 준다. 아빠는 직장에서 열심히 일하여 가족의 위상을 올린다. 가정의 화목에도 아빠의 교육 분담이 특효약이다. 자녀와 엄마가 갈등할 때 아빠가 엄마를 응원해주면 엄마가 문제를 주도적으로 해결할 수 있기 때문이다. 자녀는 집에서 사람과 더불어 사는 방법을 배우게 된다. 부부가 교육을 분담할 때 자녀가 가정의 매개체가 되어 가정이 화평해진다. 그런 집에 사는 자녀가 공부를 잘한다.

자녀 교육은 승용차의 운행과 같다. 엄마 혼자서 굴리기 힘들다. 엄마와 아빠가 한 바퀴씩 돌리고 자녀들이 따라갈 때 잘 달린다. 전륜 구동이든 후륜 구동이든 마찬가지다. 길을 잘 찾아야 원하는 목적지에 도착한다. 자녀 교육에는 내비게이션이 없으니 부부가 길을 익히면서 나아가면 된다. 서로 힘을 모으면 길을 만들 수도 있다. 자녀 교육은 자동차 운전보다 훨씬 복잡하고 민감하다. 자동차와 달리 사람은 감정을 지녔기 때문이다. 하수는 누가 차를 흠집 낼까 봐 벌벌 떨면서 아빠는 자녀 앞에서 팍팍 깎아내린다. 엄마에게 중상을 입은 아빠가 가정을 힘차게 끌고 갈까?

고수는 아빠가 없을 때 자녀에게 아빠 때문에 우리가 행복하게 산다고 말한다. 그 말을 아이에게 들은 아빠는 집안을 잘 끌어가려고 애쓴다. 아빠가 가정 경영에 힘쓰니 집이 저절로 일어난다. 엄마가 아빠를 인정하여 자녀와 상생하는 것이다.

고수는 아빠와 나란히 가면서 자녀를 돌본다. 자기 언행이 자녀에게 영향을 미친다고 생각하여 위기를 당해도 의연하게 행동한다. 아빠가 없어 혼자 집을 끌고 가야 할 상황에서는 자녀와 교육을 분담한다. 예를 들면 학자금을 대출받아 자녀를 대학에 보낸 다음에 그 학자금을 자녀와 함께 갚는다. 거리에 나앉을 상황이 오면 개인적으로 할 수 있는 일에 최선을 다한다. 자녀를 살리려고 사력을 쏟으면 자녀도 감동하여 엄마를 돕는다. 그때 초인적인 능력이 생겨 고난을 극복하게 된다.

고수는 자녀와 함께 시련을 극복하면서 자란다. 그런 엄마 아래서 자녀는 갈수록 훌륭하게 성장한다. 어릴 때는 엄마를 원망하는 수도 있으나 나이가 들어서는 엄마를 이해한다. 엄마가 열악한 조건에서 밀어줘서 성공했다고 감사한다.

## 아빠의 존재를 분담으로 여긴다

자녀 교육을 부부가 나누어 짊어지면 엄마의 육아에 대한 두려움은 반으로 줄어들고 아빠에 대한 가족들의 고마움은 배로 늘어난다. 아빠도 교육 분담을 하여 엄마와 아이에게 점수를 따니 존재감이 커진다. 엄마가 힘들 때 아빠가 도와주면 그 효과가 크다. 엄마는 임신과 출산에 이어 육아하느라고 심신이 지쳐 있다. 아빠가 그때 엄마를 도와주면 엄마는 감격한다. 그 영향이 아이는 물론 가정에 오랫동안 미친다.

안타깝게도 엄마가 힘들 때 점수를 잃는 아빠가 많다. 엄마가 아이를 봐달라고 하면 밖에서 일하고 왔는데 집에서 또 일이냐고 하며 짜증을 낸다. 밖에서 일해서 처자식을 먹여 살리면 아빠 노릇이 끝났다고 생각하기 때문이다. 자기 어머니는 일하면서 아이 여럿을 키웠는데 아이 하나 가지고 유난을 떤다고 투덜댄다. 엄마는 화가 나고 아빠가 미워 아이가 울어도 놓아둔다. 그런다고 아빠가 고함을 지르면 집안 공기가 싸늘해진다. 아이는 그 속에서 불안에 떤다. 생존을 걱정할 정도이니 그림책을 읽지 않는다. 그런 부모 아래서 자란 아이가 공부를 잘하겠는가.

계모 가운데 고수는 자신이 낳지 않은 아이를 친아빠도 돌보지 않는 속에서 훌륭하게 키워낸다. 계모의 악행은 널리 퍼뜨린 데 견주어 그 선행은 말하는 사람이 드물다. 위정자는 위계질서를 잡으려고 친모에 견주어 계모를 나쁘게 보았다. 사실은 계모보다 못한 친모가 흔하다. 2014년도 중앙아동보호전문기관의 아동학대통계에 따르면 계모에 의한 아동학대는 전체의 2.4퍼센트에 지나지 않는다. 아동학대의 주범은 친모인 것이다. 계모에 대한 부정적인 선입관 뒤에서 친모가 마음 놓고 자녀를 때린다는 말이다.

계모로서 전처의 자녀를 훌륭하게 키운 엄마야말로 진짜 고수다. 서울대를 나온 이현숙은 중학교 1학년과 초등학교 4학년을 둔 남편과 결혼했다. 성적은 그만두고 정서와 태도가 엉망이었다. 게임에 미친 데다 누구의 말도 듣지 않았다. 그녀는 사춘기를 맞은 두 아들에게 신뢰부터 얻으려고 정성을 쏟았다. 그들이 며칠 저러다 말겠지 하는 일을 몇 해 동안 지속했다. 그러자 아이들이 새엄마에게 마음을 열기 시작했다. 그녀는 아들 둘을 가르치려고 학원을 차렸다. 그들을 열정적으로 가르친 결과 둘 다 토익에서 만점을 맞았다.

남편은 변호사로서 자녀들에게 공부에 대해 조언하는 정도였다. 그녀는 경제적인 지원을 해주는 아빠가 있다는 사실에 감사하며 자녀를 교육했다. 아빠의 존재 자체를 교육 분담으로 생각했다. 아빠의 스타일에 맞게 아빠와 자녀 교육을 분담한 것이다.

아빠들은 대부분 처자를 부양하면 아빠 노릇이 끝나는 줄 안다. 그러다 보니 직장에서 살다시피 하는 것이다. 2015년 OECD에서 삶의 지표를 조사한 결과에 따르면 한국 아빠가 자녀와 함께 보내는 시간은 하루에 단 6분이다. 아빠와 사회에 문제가 많아 아빠가 자녀 교육을 분담하기 어렵다. 이런 현실을 감안하여 엄마가 아빠의 존재 자체를 교육 분담으로 인정할 때 자녀를 제대로 키울 수 있다. 교육 분담의 형태는 형편에 따라 다르지만 아빠는 다른 사람으로 대체할 수 없으니 되도록 자녀 교육에 참여하는 게 바람직하다. 그러나 현실적으로 아빠가 자녀 교육에 관여하기 힘든 상황이 많다. 그럴 때는 엄마가 아빠의 존재 자체를 분담으로 인식하면 좋다. 자발적으로 그렇게 생각하여 외로운 고수가 된 엄마도 많다.

이현숙은 계모로서 아빠의 존재를 분담으로 여기고 자녀 교육을 전담했다. 그는 장병혜 박사가 쓴 『아이는 99% 부모의 노력으로 완성된다』를 읽고 감명을 받아 전처의 아이를 잘 가르치기로 다짐했다고 한다. 그녀는 멘토의 말에 따라 친모도 하기 힘든 일을 해냈다. 자녀 교육은 성과로 말하는 예술인지라 그녀야말로 황야의 고수다.

그가 모델로 삼았던 장병혜는 부인을 사별한 남편과 결혼하여 전처의 세 아이를 사랑과 희생으로 키웠다. 그 결과 세 아들 모두 아이비리그에 입학했다. 50년대에 미국에서 유학하던 여자로서 남들이 생각하기도 힘든 길을 걸었다. 그녀는 이승만 정부 시절 국무총리를 지낸 장택상의 딸이다. 전처의 세 자녀는 서로 다른 양육자 아래서 자라 부모와 가정의 의미도 모르는 상태였다. 그녀는 세 자녀를 보고 마음이 아파 새엄마가 되기로 하였다. 계모로서 세 자녀를 길러낸 뒤에 그는 자녀 교육은 99퍼센트 부모의 손에 달려 있다고 말한다. 누가 낳았느냐가 아니라 어떤 엄마가 어떻게 기르느냐가 문제라는 뜻이다.

엄마의 격은 친모냐 계모냐에 따라 결정되는 게 아니다. 아이에게 쏟는 정성이 그 격을 가름한다. 고수는 아빠가 있다는 사실 자체에 감사하며 자녀를 제대로 키운다. 이현숙과 장병혜는 재혼한 남편의 존재 자체와 자녀 교육을 분담했다. 아빠가 자녀 교육을 돕지 않았으나 아빠를 탓하지 않고 자녀를 바르게 키웠다. 누가 보아도 기울어진 결혼인데 그들은 친모 못지않게 전처의 자녀를 교육했다. 삶을 바쳐 자녀교육을 전담했다.

장병혜의 남편은 세 아이가 딸린 교수였다. 장래가 촉망되는 처녀가 혹할 만한 상대가 아니었다. 여러모로 그녀는 아까운 여자다. 세 자녀를 보고 마음이 아파 애 아빠와 결혼했다고 했으나 아빠도 사랑했으니까 결혼했을 것이다. 남편이 학문에 정진하느라고 자녀 교육에 소홀해도 그는 남편을 존경했다. 미국은 자녀 교육을 분담하는 경우가 한국보다 많다. 그런데 그녀는 자기가 낳지도 않은 자녀를 전적으로 맡아서 교육했다. 초혼한 남편도 결혼할 때보다 조건이 나빠지면 헤어지는 세상이다. 그런 엄마들에 견주면 그녀는 참으로 위대하다.

어떤 엄마는 아빠가 세상을 떴다고 하여 아이와 함께 죽는다. 자기가 없으면 아이들이 비참하게 살아갈 것이라고 생각하여 자녀의 목숨을 빼앗는다. 내 새끼 내 마음대로 한다고 하는 것이다. 미안하게도 아이는 엄마의 소유가 아니다. 엄마의 몸을 빌려서 세상에 나왔을 뿐이다. 엄마 혼자 감당할 수 없다고 해서 엄마가 아이를 죽일 권한은 없다.

고수는 아빠가 세상을 떠나면 아빠 노릇까지 혼자 겸하면서 자녀를 키운다. 아빠가 없으니 아이와 함께 고난을 이기자고 한다. 그 진심이 통하면 아이들이 정신을 차리고 공부한다. 아이에게 아빠의 죽음보다 강력한 학습 동기가 없는지라 엄마가 중심을 잘 잡으면 자녀들도 정신을 차리고 공부한다. 공자, 맹자, 이황의 엄마가 그랬으며, 지금도 그런 엄마가 많다. 그런 고수 아래서 거인이 태어난다.

조현정 비트컴퓨터 회장은 6살 때 아버지를 여의는 바람에 중학교도 다니지 못했다. 그는 전자수리점에서 일하며 검정고시를 통해 인하대에 들어가 3학년 때 비트컴퓨터를 창업했다. 아빠를 일찍 잃고 현장에서 배운 기술 덕분에 젊을 때 성공했다. 좋은 환경에서 초년에 성공하여 자만하다 거꾸러지는 경우가 많은데 그는 바닥에서 정상에 오른 터라 벤처사업가로 오랫동안 고지를 지키고 있다. 엄마가 아빠 노릇까지 감당하면서 독하게 사는 모습을 보고 열심히 일하여 성공했다. 그 뒤로 성공을 확대재생산하는 일에 힘쓴다. 자기처럼 고생하는 젊은이들이 뜻을 이룰 수 있도록 여러모로 돕는다.

고수는 자녀에게 죽은 아빠를 만날 때 부끄럽지 않도록 살자고 독려한다. 자녀에게 아빠가 하늘에서 본다고 하며 열심히 살라고 말한다. 아빠가 없는 상황을 선용하여 살길을 찾는 것이다.

고수는 아빠와 함께 자녀 교육을 수행한다. 아빠가 자녀 교육에 소홀하면 그가 살아 있다는 사실에 감사하며 자녀를 가르친다. 아빠가 없을 때는 그 몫까지 담당하면서 자녀를 훌륭하게 키운다. 죽은 아빠도 활용하여 자녀의 강점을 자극한다. 자녀의 장점에 부모의 강점을 더하니 그 자녀는 날로 잘나간다.

# 자녀와 함께 꿈꾼다

## 자녀의 꿈을 함께 찾는다

몽순이는 회사에서 자녀 교육의 달인으로 통한다. 자녀 둘을 명문대에 보냈기 때문이다. 정작 그는 후배들에게 대학보다 전공이 중요하다고 말한다. 그는 고졸 출신으로 자녀를 판사와 의사로 만들겠다고 다짐했다. 큰아들이 명문대 법대에 들어가자 쾌재를 불렀다. 군복무를 마치고 나와 고시를 준비하기 원했는데 아들은 전공을 심리학으로 바꾸겠다고 편지로 통보했다. 편지를 읽으며 그녀는 눈물을 흘렸다. 심리학과로 가겠다고 하는 아들을 그가 고집하여 법대로 보냈기 때문이다. 아들은 그동안 부모가 하라는 대로 따랐는데 이제 자기가 하고 싶은 일을 하겠다고 선언했다. 엄마와 말이 통하지 않아 편지를 썼다고 했다. 몽순이는 엄마 자격이 없다고 생각하며 울고 또 울었다.

그 아들은 제 뜻대로 심리학과를 졸업하고, 대학원에서 상담심리를 전공하여 석사학위를 받았다. 지금은 진로상담실을 운영하며 박사 과정을 밟는다. 상담실에서 엄마와 비슷한 사람을 많이 만난 뒤로 엄마와 화해했다. 하지만 엄마는 죄책감에 시달리는 한편 기대를 저버린 아들을 원망한다. 자신의 꿈을 모두 내려놓지는 못한 것이다.


엄마들은 자녀를 자기가 바라는 길로 안내한다. 그 소망은 욕망의 이면이다. 욕망은 무죄인 데다 쓸모가 많다. 엄마가 자녀를 통해 욕망을 채우는 동안 가정이 발전한다. 문제는 엄마의 소원을 자녀에게 주입하는 데 있다. '다 너 잘되라고 하는 일'이라고 하면서 욕망의 민낯을 드러낸다. 더러는 자기 소망을 자녀의 포부보다 앞세운다. 자녀보다 자신을 더 사랑하기 때문이다.

여교사 가운데 엄마의 권유로 교단에 선 경우가 꽤 있다. 엄마는 여자에게 교직이 최고라고 하면서 딸에게 교사를 권한다. 딱히 하고 싶은 일이 없는데 엄마가 좋다고 하는 데다 세상에서 알아주니 딸은 교직으로 간다. 자기가 잘 아는 길이라 일하는 데도 부담이 없다. 엄마의 말마따나 안전할뿐더러 연금도 두둑하고, 아이를 키우면서 아빠를 내조할 수도 있다. 때문에 대체로 괜찮다고 생각하며 일한다.

하지만 엄마가 강요하여 교육계에 들어선 여교사는 교육에 대한 열의가 적은 데 견주어 가지 않은 길에 대한 회한이 크다. 엄마 때문에 기자의 꿈을 접고 여교사가 된 사람은 마음이 콩밭으로 가기 일쑤다. TV에서 외국 소식을 전하는 특파원을 보면 저게 내 자리인데 하면서 교실에 갇혀 사는 자신을 초라하게 생각한다. 때문에 방학 때마다 해외로 나간다. 그야말로 교사는 부업이요, 여행이 주업이다. 수업시간에도 입만 열면 외국 이야기를 한다. 그만큼 학생들이 피해를 본다. 학생들이 싫은 내색을 하면 인상을 찌푸린다. 언론계에 대한 환상과 미련이 뒤섞여 가르치는 일에 소홀하다. 여행을 통한 대리만족에는 한계가 있기 때문이다.

최선의 진로탐색은 엄마와 자녀가 함께 꿈꾸는 것이다. 자녀가 의료기기에 관심이 있으면 엄마가 자녀와 함께 그 분야에 대해 알아본다. 그 분야의 권위자가 쓴 책을 읽어 본다. 한국직업정보시스템 등에 접속하여 그 영역의 특성을 파악한다. 엄마는 자녀에게 정보를 제공하고, 진로는 자녀가 선택하도록 한다. 고수는 자녀의 적성을 탐색하면서 자녀와 함께 진로를 모색한다.

고수는 자녀에게 좋아하는 길로 가라고 한다. 서울대 공대와 지방대 의대에 동시에 합격한 자녀가 서울대 공대로 간다고 해도 말리지 않는다. 자녀가 의료기기 사업을 하겠다고 하면 열심히 해서 성공하라고 격려한다. 먹고살 만해지면서 자녀에게 하고 싶은 일을 하라고 권하는 엄마가 늘어난다. 자녀가 원하는 일을 하면 잘할 가능성도 높으니 좋은 일이다. 인재가 여러 분야로 진출한다는 점에서 국가 발전에도 바람직하다.

고수는 의사인 자녀가 다른 길로 간다고 해도 그 뜻을 따른다.


이태석 신부는 의사에서 사제가 되었다. 10남매의 아홉째로 태어나 아홉 살 때 아빠를 잃은 뒤, 그는 엄마가 삯바느질을 하여 가르친

덕분에 의사가 되었다. 그가 의사의 길을 떠나 신부가 되려고 하니까 집안에서는 모두 말렸다. 어머니도 처음에는 반대했으나 아들의 의지를 알고는 "네 뜻대로 해라." 하고 그 뜻을 존중해주었다. 자신을 희생하여 자식을 의사로 길렀으나 자녀의 의견을 따랐다. 신학대학을 나와 사제가 된 이태석은 아프리카 수단 톤즈에서 병원과 학교를 세웠다. 대장암이 4기에 이른 줄도 모를 정도로 열심히 뛰었다. 그는 마흔을 앞두고 하늘나라로 돌아갔다. 그가 흑인들의 가슴에 심은 밀알이 오늘날 많은 열매를 맺는다. 머나먼 이국땅에서 피도 섞이지 않은 사람들을 위해 자신을 제물로 바쳤다.

고수는 아들이 간호사가 된다고 해도 반대하지 않는다. 남자 간호사는 병원에서 힘든 일을 하거나 신속하게 움직이는 데 유리하다. 남자 간호사 덕분에 병원이 활기차게 돌아간다. 환자들이 그 존재를 모르더라도 그들은 오늘도 보람차게 살아간다.

보통 엄마들은 아들이 간호사가 된다고 하면 대부분 반대한다. 어쩌다 만난 친구가 아들 뭐하냐고 물었을 때 "병원에 근무해.", "어머, 의사?" 하면 "아니…" 하고 말꼬리를 내린다. 아들이 간호사라고 말하기가 창피한 것이다. 그러나 남자 간호사는 희소할뿐더러 그들을 요구하는 곳이 점점 늘어난다. 화려한 데서 일하는 것도 좋지만 보이지 않는 곳에서 남을 돕는 일도 괜찮다. 엄마가 직업에 대한 편견을 바꾸면 자녀가 갈 길이 넓어진다. 그런 엄마가 자녀와 함께 행복하게 산다.

고수는 자녀들이 길을 찾도록 돕는다. 스스로 일하면서 자녀와 함께 꿈을 가꾼다. 그러니 자녀도 현실을 감안하여 자기가 가고 싶은 길을 찾는다. 자녀와 함께 꿈꾸면서 그 길을 걸어간다. 두 사람의 지식과 경험을 바탕으로 목표를 바라보고 걷는다.

나는 운이 길을 찾는 데 도움을 거의 주지 못했다. 내가 이름도 모르는 회사에 면접을 보러 간다고 하면 마음이 내키지 않았다. 그러나 내가 모르는 세계가 많으니 운의 선택을 존중했다. 스스로 진로를 모색하다 보면 많이 배울 것이라고 보아 대견스럽게 생각한다. 그렇게 일자리를 찾던 운이 마침내 바라던 대기업에 취업했다. 실패를 거듭하다 일터를 잡았으니 열심히 일해서 뜻을 이루기 바란다.

## 자녀와 함께 짝을 찾는다

엄마는 자녀가 좋은 짝을 만나기 바란다. 특히 딸 가진 엄마는 딸이 멋진 남자와 사귀기 바란다. 자기 소원을 이룰뿐더러 여자는 결혼에 따라 인생이 크게 바뀌기 때문이다. 엄마는 대학에 들어가기 전까지 딸이 이성을 멀리하기 바라지만 요즘은 여중생도 이성 교제를 많이 한다. 엄마가 딸에게 남자친구가 별로라고 해도 딸은 괜찮다고 한다. 남자를 보는 눈이 서로 다르기 때문이다.

같은 여자지만 딸보다 엄마가 남자를 여러모로 뜯어본다. 딸은 보이는 곳도 못 보는 데 비해 엄마는 보이지 않는 데까지 들여다본다. 산전수전을 겪으면서 안목을 단련한 엄마는 남자를 두루 살핀다. 그 주변까지 둘러보는 엄마의 눈에 딸의 남자친구가 마음에 드는 경우가 드물다. 엄마가 딸을 과대하게 평가할수록 그 남자친구는 초라해진다. 남자친구에 견주어 보면 딸이 너무 아깝다. 엄마가 제 딸은 높이고 남의 아들은 낮추니까 그렇다.

딸은 남자친구가 또래에게 인기가 있고 제 눈에 들면 그만이다. 남에게 자기 선택을 인정받는 일이 중요하기 때문이다. 성격이 안 좋아도 자기가 바꿀 수 있다고 생각한다. 엄마가 사람은 잘 변하지 않는다고 말해도 듣지 않는다. 자기를 좋아하면 성격을 바꿀 것이요, 바꾸지 않으면 헤어진다고 말한다. 엄마가 이성과 사귀면 공부를 못한다고 해도 딸은 남자친구를 사귀면서 공부도 잘할 수 있다고 큰소리친다. 엄마는 공부를 잘하면 멋진 남자는 얼마든지 만날 수 있다고 이야기한다. 딸은 세속적이라고 하지만 현실적으로 그 말이 맞다. 남자 의사를 만나는 가장 쉬운 길은 여자 의사가 되는 것이기 때문이다. 끼리끼리 만나면 엄마로서 상대 엄마에게 꿀릴 게 없어서 좋다. 아니, 교사만 되어도 의사를 만날 수 있다고 하며 딸에게 공부 좀 하라고 말한다. 딸은 남자친구를 의사로 만들 수 있다고 하며 엄마의 말을 귓등으로 듣는다. 지금 노는 게 재미있는 것이다.

엄마들은 경제력에 초점을 맞춰 남자를 본다. 전문직을 선호하여 남자가 공부를 못하면 비전이 없다고 생각한다. 엄마의 생각처럼 학교에서 공부를 잘하는 사람이 다른 일에서도 성공하기 쉽다. 동서고금을 떠나 엄마의 눈은 비슷하다. 최근 들어 엄마 눈이 더 까다로워졌으나 남자들도 비슷한 여자를 찾는 경향이 강하다. 의사 사위를 맞으려면 삼대가 덕을 쌓아야 한다고 하는 말이 우스개가 아니다. 딸의 짝을 엄마가 마음대로 고를 수 없다.

엄마는 자녀를 과대평가하기 쉽다. 탯줄을 끊은 뒤에도 무선 탯줄을 이어 정서적으로 자녀와 연결되어 있기 때문이다. 남들은 보잘것없다고 해도 자기 분신인지라 엄마는 딸을 최고라고 생각한다. 그 딸은 엄마가 깨워야 겨우 일어나서 밥도 안 먹고 학교에 간다. 남이 보면 밥벌이를 걱정할 판인데 엄마는 제 딸이니까 괜찮다고 생각한다. 이런 줄 모르는 남자들이 사귀려고 덤비는지라 자기 딸을 높게 본다. 하수는 눈에 사각지대가 많을뿐더러 보이는 곳마저 왜곡한다. 딸의 품격은 낮은데 좋은 사윗감을 찾는다.

딸의 얼굴이 예쁘다고? 당장 인터넷에서 2015년 행정고시 수석합격자를 검색해보라. 주요 직렬 다섯 곳을 휩쓴 그 여자들이 그냥 합격자가 아니라 수석합격자다. 드라마가 아니라 현실이다. 얼굴로만 그들과 겨룰 수 있겠는가. 의대나 사법연수원에도 여자가 즐비하다. 결혼시장에 쟁쟁한 사윗감이 나올 수 없는 구조다. 딸을 호랑이굴에 보내는 전략이 가장 쉽게 호랑이를 잡는 비법이다. 나는 학원에서 나중에 전문직에 나간 여학생을 많이 가르쳤다. 흔히 말하듯 그들은 이기적이지 않다. 그들은 집안과 외모는 물론 인성도 괜찮다. 고수 아래서 자라 제 밥벌이하면서 살아가려는 의식이 강하다.

고수는 자녀에게 짝을 제대로 찾을 수 있도록 안목을 길러준다. 쾌락주의가 범람하는 세상에서 자녀가 올바른 가치관을 가지고 이성과 사귀도록 한다. 자녀가 자신을 잘 다스리며 이성을 만나게 한다. 고수는 자녀에게 인간의 심리에 대해 가르친다. 사람의 마음은 늘 움직일뿐더러 보이지 않아 숨기기도 쉽다. 마음에 없는 말을 얼마든지 할 수 있다. 말은 돈도 안 들이고 쏟아낼 수 있다. 그래서 고수는 자녀의 언행을 보고 마음을 읽는다. 그것도 오래 살피고 남의 평가를 들은 뒤에 사회적 평판을 참고하여 파악한다. 세상에서 떠돌이의 말에 낚이지 않으려고 사람과 현실을 똑바로 바라본다.

고수는 자녀가 원칙을 어기면 단호하게 나무란다. 여중생 딸이 화장하면 엄마의 권한과 책임을 내세워 화장을 금한다. 그래도 딸이 화장하면 교육적으로 제재한다. 딸이 제재를 무시할 경우 여러 수단을 동원하여 통제권을 발휘한다. 엄마에게는 딸을 올바르게 길러야 할 책임과 의무가 있기 때문이다. 딸이 다른 애들도 화장한다고 해도 용납하지 않는다.

유대인 엄마는 미성년자에 대한 교육권을 엄격하게 행사한다. 생존권을 위협해서라도 자녀를 바른길로 인도한다. 그들은 자녀를 제대로 가르치지 않고 사회에 내보낸 엄마는 세상에 범죄자를 보낸 엄마라고 생각한다. 모두 그런 인생철학을 견지하는지라 자녀가 반발해도 엄마는 자녀를 바람직한 길로 인도한다. 심지어는 『탈무드』에 따라 자녀를 훈계하다가 법적인 문제를 일으키기도 한다. 자녀가 중요한 율법을 어기면 매섭게 나무란다. 자녀가 어릴 때 율법을 가르쳤기 때문에 자녀도 대개 부모의 훈계를 수용한다. 그 결과 유대인은 범죄를 거의 저지르지 않는다.

고수는 유대인 엄마처럼 오늘 자녀와 갈등해도 내일 화해하는 길로 간다. 자식 이기는 부모가 없다고 한다. 요즘 추세로 보아 엄마가 여중생 딸의 화장을 막기 어렵다. 그러나 문제의 소지를 미리 없애야 큰일을 막을 수 있다. 사춘기에 화장을 하고 친구와 어울리다 보면 이성 교제로 이어지는 것은 시간문제다. 사춘기 때는 쾌락에 따라 움직이기 쉬운데 친구들과 모여서 놀다 보면 분위기에 휩쓸리게 된다. 사춘기에는 이성에 끌리기 쉽다. 그때 이성과 사귀면 공부나 생활에 지장을 준다. 기분에 싸여 인생을 가볍게 생각하기 때문이다. 고수는 자녀에게 독재자라는 말을 들어도 뒤에 자녀가 이해해주기 바라며 자녀가 일탈할 만한 여지를 없앤다. 한두 해 자녀와 갈등하더라도 자녀를 바르게 이끈다.

청소년은 또래와 어울리려고 그들과 문화를 공유한다. 사춘기에는 또래를 떠나면 죽을 것 같아 다른 길로 가기 힘들다. 때문에 부모가 잡아줘야 또래의 물결에 휩쓸리지 않는다. 부모는 자녀의 울타리다. 고수는 그런 사실을 잘 알아 딸의 행동을 규제한다. 딸이 남자 친구와 사귀더라도 자기 소신을 지키기 바라기 때문이다. 그래야 친구가 다른 길로 유혹할 때 제 뜻을 지킬 수 있다고 생각한다.

최선은 자녀가 스스로 자기 언행을 책임지는 것이다. 고수는 자녀에게 자제력을 길러주어 문제가 일어나지 않도록 한다. 이성과 사귀다 성욕을 자제하지 못해 성교할 때는 반드시 피임을 하도록 교육한다. 쾌락이 이성을 지배하는 현실에서 고수는 자녀에게 현실적인 훈계를 한다.

학원에서 중학생 시절에 이성 친구를 만나 대학에 가서도 교제하는 경우를 가끔 보았다. 절제력이 뛰어나 일찍부터 이성과 사귀면서도 공부를 잘해 전문직이 되어 결혼하기도 했다. 대체로 엄마가 고수일 때 그 자녀들이 공부와 연애를 무난하게 병행했다. 엄마에게 자제력을 배운 까닭이리라.

고수는 자녀가 이성과 교제할 때 적절한 조언을 한다. 현실과 자녀를 이해하니 자녀도 엄마의 말을 듣는다. 자녀와 세상에 대해 알아야 자녀에게 문제가 생겨도 적절하게 대응한다. 학생 가운데는 이성과 건전하게 사귀는 경우도 있는가 하면 성행위를 대화쯤으로 여기는 사람도 있다. 엄마가 딸이 몇 달 동안 생리를 안 하면 딸에게 무슨 일이 있었는지 물어보아야 한다. 여중생이 학교 화장실에서 아이를 출산할 때까지 엄마가 몰랐다면 문제가 아닌가.

엄마가 자녀와 함께 꿈꾸려면 엄마가 욕심부터 내려놓아야 한다. 엄마가 현실을 똑바로 볼 때 자녀에게 맞는 일과 짝을 찾는다. 엄마가 자녀와 현실을 냉정하게 보아야 자녀와 더불어 길을 찾는다. 세상이 복잡하여 엄마가 알아야 할 일이 많다. 고수가 되는 길은 살얼음판을 걸어가면서 공부하는 것과 마찬가지다.

# 서로 끌고 밀어준다

## 자녀의 길을 사랑한다

엄마들은 포기한 꿈만 한 한을 가슴에 품고 산다. 신정아가 학력을 위조하여 교수가 되었다고 시끄러웠던 적이 있다. 그때 어머니는 내 아들은 진짜 박사인데도 교수가 못 되었는데 여자가 가짜 학위로 교수가 되었다고 한탄했다. 교수의 꿈을 접고 새 길을 가는데 어머니는 나에게 걸었던 기대를 원한으로 바꾸어 간직했던 것이다.

내가 길을 내는 만큼 어머니의 한이 풀린다고 생각하며 나는 오늘도 읽고 쓴다. 어머니와 서로 밀고 끌며 나아간다. 어머니는 여자인 데다 초등학교 중퇴생이라 꿈을 이루는 데 걸림돌이 많았다. 자연히 내가 당신의 소망까지 성취해주기 원했을 것이다. 큰아들이 시골 학교에서 그런대로 공부를 하자 어머니는 피곤한 줄도 모르고 일했다고 한다. 6남매의 장남으로 어머니의 기대에 부응하다가 방향전환을 시도한 뒤로 헤매니 어머니 가슴에 한이 쌓인 것이리라.

어머니가 초인적인 능력으로 자녀를 키운 것처럼 내 능력을 모두 기울여 어머니의 기대에 호응하려고 노력한다. 내 발에도 걸리는 돌이 많지만 어머니보다는 훨씬 나은지라 부지런히 걷는다. 어머니는 교사도 괜찮게 보았는데 교수가 되려고 하다가 뜻을 못 이루자 안타깝게 생각했다. 나도 아쉬운 점이 있으나 이제 남이 가지 않은 길을 걷는다. 사람들은 나를 보면 교수가 못 되었다는 사실을 언급한다. 길을 바꾸면 실패한 인생처럼 생각한다. 나는 교수가 되지 못한 게 아니라 교수와 다른 길을 간다. 교수 대신 인생성형가를 선택했다. 남이 주는 자리가 아니라 내가 만든 의자에 앉아서 일한다. 자리보다 일을 사랑하여 직업을 만들었다. 그야말로 뜻있는 일이다. 내가 공무원과 자영업을 해보았으나 이보다 어렵고 의미 있는 길은 없었다.

기대는 소원이자 신뢰다. 어머니가 기대하는 만큼 내가 꿈을 이룬다. 기대는 부담인 동시에 격려다. 어머니의 기대는 부담스럽지만 그 기대를 격려로 알고 걸어간다. 그 기대에 부응하는 것이 어머니와 함께 저 높은 곳을 향하여 나아가는 일이다.


우스개로 자녀 교육은 우유의 추락사라고 한다. 처음에는 엄마가 자녀를 천재로 기르려고 아이에게 아인슈타인 우유를 바친다. 천재가 아니라면 영재는 되겠지 하며 서울우유로 한 단계 낮춘다. 기대가 너무 높았나, 연세우유를 거쳐 건국우유로 바꾼다. 지하철 2호선을 벗어나니 서울에는 보낼 만한 대학이 없네. 아, 저 지방 대학이 보이는구나! 얼른 저지방우유를 사다 자녀 앞에 던진다. 이거라도 마시고 저 지방 대학이라도 들어가라는 뜻이다. 기대를 자꾸 저버리면 자식도 미워지다 보니 자녀에게 주는 상품과 태도가 달라진다.

나는 지방 대학인 전북대학교를 나왔다. 지방 대학은 엄마뿐만 아니라 자녀도 싫어한다. 젊은이들은 지방대학을 다시 '지거국'이니 '지잡대'로 분리하여 차별한다. 지거국은 지방 거점대학이란 의미이고, 지잡대는 지방에 있는 잡스러운 대학이라는 뜻이다. 수천 년 동안 위정자들이 통치 원리로 활용한 분리와 차별을 21세기 젊은이가 그대로 써먹는다. 생각할수록 참 불쌍하고 안타까울 뿐이다.

누가 뭐라고 해도 어머니는 내가 나온 대학을 대단하게 생각한다. 그 대학에서 받은 내 박사학위도 높이 평가한다. 물론 사람들은 박사학위를 받고 20년 넘게 지식과 경험을 쌓은 나를 명문대학을 방금 졸업한 학사보다 낮게 평가한다. 그래서 엄마들은 자식이 지방대에 들어가면 자식 때문에 품격이 떨어졌다고 자식을 원망한다. 누가 자식 어느 대학에 갔느냐고 물으면 기분 나쁜 표정을 짓는다.

어머니는 6남매의 장남이자 50대 가장인 내가 8년 동안 책을 쓴다고 헤매도 조용히 지켜본다. 그사이에 가정의 대소사가 수십 차례 있었다. 그때마다 큰아들 노릇을 못했으나 어머니는 나를 아낌없이 지원했다. 대학에 다니는 두 아들에게 아픈 몸을 이끌고 농사를 지어 용돈을 주었다. 이렇게 어머니와 서로 끌고 밀며 이 글을 썼다.

어머니와 서로 밀고 끄는 동안 동생들도 여러모로 나를 도왔다. 여기까지 오는 데 아내와 아들의 지원도 막대했다. 서로 도운 덕분에 이

책이 빛을 보게 되었다. 이 길을 내면서 내 자원도 많이 썼다. 각종 비용으로 전주의 소형 아파트 한 채 값은 지불한 것 같다. 내 자리를 만드는 일에 납부한 수업료로 여긴다. 가시밭길을 헤치며 길을 냈으니 인생성형가로 자리를 잡기 바랄 뿐이다.

나는 대학에서 국어교육을 전공했다. 대학에서 문학상을 수상했으며, 문단에서 추천을 받은 적도 있다. 그래서 글쓰기로 밥벌이를 쉽게 할 줄 알았는데 현실은 생각과 달랐다. 이 길에서 아직 성과를 내지 못했으나 하고 싶은 일인지라 꾸준히 읽고 쓴다.

이지성은 지방대학 출신으로 유명한 자기계발 작가가 되었다. 간판이 시원찮아 무명작가로 십 년 넘게 고생했다. 교사로서 아빠의 빚을 갚으면서 글을 쓰는 동안 동료 교사들에게 외면을 당했다. 그는 고난을 자기계발의 원천으로 삼았다. 부정적인 상황을 긍정적으로 전환하여 뜻을 이루었다. 비슷한 부분이 많은지라 나도 그를 바라보며 나아간다.

요즘 들어 세상에서 간판보다 능력을 따지므로 희망을 가지고 글을 쓴다. 역부족이라는 사실을 인정하고 스스로를 채찍질하며 길을 낸다. 아버지는 돌아가시고 어머니도 연로하니 스스로 문을 열려고 한다. 스스로 밀고 끌며 가려는 뜻이다.

나는 돈보다 마음을 벌고 싶다. 먼저 어머니의 마음을 얻고, 아내와 자녀의 마음을 산 뒤에 다른 사람의 마음도 빌리고 싶다. 삶으로 길을 만들어 다른 사람의 마음을 벌고 싶은 터라 나는 로또에 당첨되어도 계속 읽고 쓸 것이다. 아니 로또에 신경을 쓸 마음이 있으면 독서와 저술에 쏟겠다. 내 맘을 기울여 글을 써서 밥벌이하며 살고 싶다.

그것이 어머니와 서로 끌고 밀어주는 일이라고 생각하기 때문이다.

고수는 자녀와 서로 끌고 민다. 자녀가 바람직한 길로 가면 좀 멀고 험해도 좋다고 말해준다. 도와줄 길이 없으면 자녀가 결실을 맺을 때까지 박수를 쳐주며 지켜본다. 스스로 길을 닦은 자녀는 시장에서 전문가로 살아남는다. 바탕이 튼튼하여 자기 길에서 빛을 낸다. 엄마가 그 길을 사랑하니 거기에서 신나게 일한다.


## 자녀와 함께 길을 낸다

많은 학생들이 연예인처럼 화려하게 살려고 한다. 사실은 연예계에도 초라한 구석이 많다. 부모가 그 실상을 알아야 자녀의 시각을 교정할 수 있다. 고수는 자녀가 연예인을 꿈꾸면 자녀에게 그 세계에 대해 두루 알아본다. 자녀에게 그 실상을 알려준다. 그리고 자녀에게 연예인의 자질이 있는지 알아본다. 연예계의 현실을 분석하고, 자녀의 적성이 거기에 맞는지 가늠한다. 그것을 바탕으로 자녀와 함께 진로를 결정한다. 냉정하게 자녀와 현실을 파악하며 길을 찾는다.

자녀가 가수를 꿈꾸면 자녀와 함께 어떤 과정을 거쳐 가수가 되는지 알아본다. 자녀와 함께 끌고 밀려는 뜻이다. 자녀에게 가수의 소질이 있다고 하여 자녀를 덜컥 실용음악과에 보내지 않는다. 연예계에서 두각을 나타내려면 많은 고비를 넘어야 하기 때문이다. 고수는 자녀에게 무대에 올라가도 십 년 넘게 버텨야 살아남는다고 말해준다. 성패는 무대 뒤에서 연습할 때 가름이 난다는 이야기도 해준다. 돈이 많고 줄이 튼튼해야 무대에서 살아남는다고 조언한다. 꿈을 깨려는 뜻이 아니라 환상을 넘어 현실을 직시하라는 의도다.

오늘도 연예기획사에는 오디션을 보려는 학생들이 넘친다. 그 무리 가운데서 뛰어난 사람이 무대에 올라간다. 오디션에서 뽑혀도 무대에 서려면 몇 년 동안 연습생 시절을 보내야 한다. 무대에 올라간 뒤에도 경쟁자를 물리쳐야 스타가 된다. 떴다고 방심하는 순간 신인에게 밀려 무대에서 떨어지기도 한다. 아이돌 가수의 인기 기간이 갈수록 짧아 진다. 무대를 떠나면 스타도 바로 생활고를 겪는다. 그러다 보니 무대 를 주름잡던 사람들이 범죄나 성매매에 연루되기도 한다. 때문에 스 타가 떴을 때 돈을 벌려고 총알처럼 전국을 누비다가 교통사고를 당하 는 수도 있다. 고수는 자녀가 이런 현실을 정확하게 알고 진로를 선택 하도록 한다. 그 세계를 냉혹하게 파헤쳐 자녀에게 알려준다. 길을 막 으려는 뜻이 아니라 잘 알고 가라는 의도다.

대중 매체는 청소년에게 연예계에 대한 환상을 심어준다. 특수한 성공 사례를 일반적인 현상처럼 알린다. TV 채널이 수백 개이다 보니 살아남으려고 환상을 과장해서 주입한다. 재능을 과신하는 학생은 극 적인 소식을 듣고 연예계로 가려고 한다. 하지만 전국에 실용음악과가 40여 곳이라 한 해에 예비 연예인이 천 명 안팎 나온다. 그중 1퍼센트 안에 들면 별이 될까?

출신과 배경을 떠나 무대에 올라가야 별이 될 수 있다. 환상을 깨 고 현실을 똑바로 보는 사람이 스타가 된다. 자녀보다 부모가 현실을 잘 아는지라 자녀가 연예계로 간다고 하면 부모들은 말린다. 그 결과

고등학교를 나올 무렵이 되면 자녀들도 대부분 연예계에 대한 미련을 버린다. 그만큼 그들의 열망은 약하고 부모의 염려는 강하다는 말이다. 부모는 연예계를 혐오하는 데 반해 자녀는 선망한다. 부모가 연예계에 대한 편견을 가져 자녀의 길을 막기도 한다. 그러나 선진국에 견줄 때 우리 연예계는 거품이 많다. 한국과 미국에서 제작하는 드라마의 편수가 비슷할 정도다. 제반 여건을 생각하면 우리가 미국보다 열 배 이상 드라마를 많이 만드는 셈이다.

연예계에서 생존하려면 총력이 상대보다 강해야 한다. 끼와 끈기는 말할 것도 없고, 외모, 간판, 줄이 튼튼할 때 꿈을 이룬다. 운과 때는 물론이요, 사람을 잘 만나야 뜬다. 부모를 동원하여 자신을 잘 포장하는 일도 생존전략이다.

고수는 자녀가 난관에 부딪혔을 때도 되도록 자녀가 그것을 스스로 헤치기 바란다. 자녀가 실패하여 낙담해도 낙관적인 분위기를 조성한다. 낙관적인 전망을 할 때 자녀가 자력으로 고난을 극복하기 때문이다. 고수는 경제적인 지원은 물론 교육적, 심리적인 면에서도 자녀를 밀어준다. 그러나 자녀가 스스로 밀고 끌어야 꿈을 이룬다고 믿는다. 자녀의 자발성을 중시한다는 말이다.


방송 매체가 늘어나도 연예인 지망생은 여전히 무대에 서기가 힘들다. 경쟁이 치열한 데다 부모의 배경을 업고 무대에 등장하는 사람이 많기 때문이다. 지금은 과거보다 부모의 덕을 보려는 자녀가 많다. 이를테면 예능 프로그램인 '아빠를 부탁해'에 나오는 스타 아빠의 딸 모두가 연예인 지망생이라 한다. 연예계에 진입할 때 부모의 힘이 막강해서 그렇다. 연예계에 진출할 때 부모를 등에 업고 나오는 사람이 절대로 유리하다. 그러다 보니 연예계에는 연예인 2세가 흔하다. 지원이라는 측면에서 보통 부모가 연예인 부모를 당할 수 있을까?

보통 엄마가 연예계를 바꿀 수 없으니 그 자녀는 무대에서 연예인 부모를 둔 자녀를 실력으로 이겨야 한다. 엄마가 힘껏 자녀를 지원하면 자녀가 운과 때를 잡아 무대에 서야 한다. 실력을 기른 뒤에 자신의 재능을 살릴 기회가 오면 바로 잡아야 한다. 힘들게 무대에 서면 큰 별이 되기도 한다. 무대에 서는 동안 저력을 쌓고 무대에 올라간 뒤에 생존하려고 실력을 갈고닦기 때문이다. 연예계에는 간판이나 배경이 없는데도 크게 성공한 사람도 많다. 양현석은 광명공업고등학교를 나와 '서태지와 아이들' 멤버로 활동하다 기획사 대표로 변신했다. 한국 최고의 엔터테인먼트사 YG를 그가 운영한다. 공고를 나왔으나 음악을 독학하여 한국 최고가 되었다. 운과 때를 잡아서 꿈을 이룬 경우다.

연예계에서도 간판과 실력을 겸비하면 금상첨화다. 박진영은 연세대에서 학사는 지질학을 전공했고, 석사는 정치학을 공부하다 그만두었다. 간판은 좋으나 전공은 가수와 거리가 멀다. 하지만 그는 연예계의 스타가 되었다. 가수로 활동하다가 엔터테인먼트사 JYP를 차렸다. 데뷔 20주년을 맞아 그는 '여러 레이블을 통해 음반 대량 시스템을 갖추고 시가총액 3조 원을 이루는 게 목표'라고 하였다. 또 다른 길을 내겠다는 말이다. 다양하게 공부하고, 여러 일을 하며 또 다른 꿈을 꾼다. 『미안해』를 저술하여 사회평론가의 면모도 보였다. 거기에서 그는 우리 예술이 민족주의를 떠나 보편적인 세계관에 입각할 때 글로벌 시대에 살아남는다고 말했다. 학벌과 실력이 탁월하여 매서운 눈으로 연예계를 조감한다.

　박진영은 음악을 전공하지 않았지만 그 이론과 실제에 뛰어나다. 그러니 자녀가 전공과 다른 곳으로 가려고 할 때 무조건 말릴 일은 아니다. 그가 연예계로 가려고 시도할 때 엄마가 연세대까지 나와서 집안 망신을 시키려고 딴따라를 하냐고 막았다면 그는 지금 어떻게 되었을까? 엄마는 위대한 아들을 하나 놓치고, 한국은 위대한 연예인을 잃었을 것이다. 지질학을 전공한 주제에 무슨 음악이냐고 말렸다면 한국 대중가요는 세계로 나아가지 못할 뻔했다. 엄마의 반대를 무릅쓰고 제 길을 갔기에 더 크게 성공했는지 모른다. 엄마의 기대를 훌쩍 뛰어넘어 엄마를 놀라게 하려고 노력했을 것이기 때문이다.

　고수는 자녀와 서로 끌고 밀어준다. 초등학교를 못 나왔어도 자녀와 서로 도우며 자녀를 훌륭하게 길러낸다. 엄마의 격은 가방끈의 길이에 비례하지 않는다. 간판이 좋으면 고수가 되기 쉬우나 간판이 시원찮아 고수가 되기도 한다. 고수는 자녀와 현실을 읽고 자녀에게 떠오르는 길을 안내한다. 자녀가 그 길을 갈 때 서로 끌고 밀어준다. 죽어서도 자녀와 서로 끌고 밀며 정상으로 올라간다.

# 어제보다 서로 나아진다

## 어제의 나보다 나아진다

고수는 어제보다 나아지는 일을 성공이라고 생각한다. 타인과 견주지 않고 자신의 어제와 오늘을 비교하며 산다. 어제보다 더 좋은 엄마가 되려고 힘쓴다. 그런 모습을 자녀에게 보여준다. 모범을 최고의 교육으로 삼는 것이다.

하수는 엄친아를 끌어들여 자녀를 자극한다. 그 길이 스스로 나아지는 쪽보다 쉬운 까닭이다. 친구 자식이 잘나간다는 소식을 들으면 그 이야기를 머리에 담는다. 그것을 이용하여 자녀를 부추기려는 뜻이다.

내가 운영하던 학원에서 한 해에 서울대를 수십 명씩 보낸 때가 있었다. 논술을 가르쳤기 때문이지만 지방에서는 대단한 실적이었다. 학원은 서울대에 보낸 학생 숫자를 성과로 아는지라 그것을 부풀려서 알린다. 하지만 나는 서울대에 들어간 학생을 세상에 알리지 않았다. 그것을 내 공으로 생각하지 않았고, 엄마들이 엄친아를 들먹이는 일도 막으려고 그랬다. 서울대를 못 갔다고 하여 실패자가 아니라고 보았으며, 예로부터 소년등과少年登科를 경계했듯이 서울대에 갔다고 우쭐대다 떨어질까 염려한 측면도 있다. 끊임없이 나아가는 것을 성공이라고 보아 그 실적을 알리지 않았다. 지방도시라 광고하지 않아도 소문이 퍼져 굳이 알릴 필요도 없었다.

한번은 어떤 엄마가 아들이 서울대에 입학했으니 현수막을 걸어달라고 요구했다. 내가 여러 사유를 들어 거절하자 현수막 값을 줄 테니 그렇게 해달라고 부탁했다. 돈이 아까워 현수막을 걸지 않는 줄 알았던 모양이다. 나는 그 엄마에게 내 교육 철학을 들려주며 자녀가 전주를 넘어 한국에서 뛰어난 사람이 되기 바란다고 이야기했다. 내 말을 듣고 그 엄마는 더 이상 그런 요청을 하지 않았다. 그 엄마는 나를 이상하게 생각했을지 모른다. 다른 학원은 거짓말도 하는 판국인데 광고비를 준다고 해도 사실을 알리지 않았기 때문이다. 내가 그 자녀를 엄친아로 알려질 길을 막았으니 그 엄마는 서운했을 것이다. 그 엄마와 자녀가 대입에 성공한 뒤에도 어제보다 나아지려고 노력하며 기쁨을 길게 누리기 원했을 따름이다.

조카가 판사에 임용되면 아빠는 친구들 앞에서 "내 조카가 판사야!" 하며 어깨를 으쓱댄다. 밖에서는 든든한 줄이 생겼다고 자랑하고, 안에서는 자녀에게 사촌처럼 되라고 다그친다. 반면에, 엄마는 판사에 오른 조카를 내부용으로 쓴다. 고수라면 자녀가 위축될까 두려워 조카를 들먹이지 않는다. 입을 다물어도 자녀들이 그 사촌을 의식하기 때문이다. 고수는 조카의 성공을 가족이 서로 나아지는 계기로 삼는다.

조카가 판사일 경우, 고수는 동서와 자신을 비교한다. 동서가 자신보다 자녀 교육을 잘했으면 그 공로를 인정한다. 그런 뒤에 스스로 나아질 길을 찾는다. 엄마가 동서를 본받아 나아지려고 하니 가족도 그를 보고 전진한다. 하수는 동서의 역할은 제쳐 두고 조카의 성공만 기억한다. 자기가 자녀에게 투자한 과외비뿐만 아니라 조였던 마음까지 너무 잘 알지만 동서의 사정은 잘 모르면서 조카가 쉽게 성공한 줄 안다. 그러다 서로 함부로 말하면 집안이 시끄러워진다.

우리는 6남매요, 처가는 5남매라 여러 엄마들이 자식을 둘러싸고 신경전을 벌인다. 조카들이 많고 그들의 위상이 다른지라 엄마들의 마음도 복잡할 것이다. 같은 피붙이지만 조건이 달라져 엄마들끼리 보이지 않게 경쟁한다. 그 길에서도 자식이나 조카를 보고 어제보다 나아지려고 애쓸 때 엄마의 격이 오를 것이다.


경순이는 자녀가 지방에서 학교를 다녀서 공부를 못한다고 생각한다. 그래서 방학 때마다 강남에 가서 자녀에게 과외를 받도록 했다. 남편 말고는 누구도 모르게 원정 과외를 했다. 남편도 반대했지만 그래야 자녀가 대학에 떨어져도 마음이 편할 것 같았다. 방학 때마다 남편 월급의 반을 투자했는데 고등학교 2학년 말이 되어도 자녀의 성적은 제자리걸음이었다. 그는 외부의 자극과 내부의 동기가 결합할 때 성적이 오른다는 사실을 몰랐다. 스스로 본보기가 되려는 생각은 안 하고 남이 자녀의 성적을 올려주기 원했다. 자녀가 싫다는데 친구의 말을 듣고 자녀에게 강남 과외를 시켰다. 자녀가 과외 선생이 자신과 맞지 않는다고 하자 상경 과외를 그만두었다. 엄친아는 그 강사에게 배운 뒤에 성적이 수직으로 상승했다는데 아들한테는 그 강사의 벼락 과외가 통하지 않았다.

방학 때마다 자녀를 뒷바라지한다고 서울에 가서 친구를 만나다 보니 자녀가 노는 애들과 어울리는 줄도 몰랐다. 과외 선생이 안 맞는다고 하는 말은 핑계였다. 자녀에게 이렇게 하는데도 공부를 못한다고 나무라자 그럼 엄마는 뭘 잘하느냐고 반박했다. 그러면서 이리저리 다니다 보니 정신이 없다며 과외를 안 받겠다고 못을 박았다. 억울했으나 생각하니 해놓은 게 없는지라 대꾸를 못했다. 그동안 그는 남편이 돈을 못 벌고 지방에 살아 자식이 처진다고 생각했다. 그런데 아들은 엄마가 시원찮아 공부를 못한다고 보았다. 맞는 말이었으나 자식이 그렇게 말하니 배신감이 들었다. 모이면 자식 이야기를 해야 하는지라 이제 친구도 만나지 않는다. 그래도 안테나를 세우고 친구 자식들의 동향은 살핀다.

그녀는 서울에 가서 예체능 과외를 시켰지만 재미를 보지 못한 친구를 생각하며 자위했다. 그 친구가 명장이 만든 가야금을 장만하느라 비자금을 헐었다는 이야기를 떠올렸다. 자식을 예술계로 보낸 뒤로 기둥이 흔들리는 친구보다 낫다고 생각했다.

고수는 엄친아를 키운 친구에게 밥을 사면서 자녀 교육의 비법을 듣는다. 자녀 교육을 잘한 친구를 인정하고 그를 통해 성장하려 한다.

다른 고수에게 자녀 교육의 원리를 배워 자녀를 잘 키우려는 뜻이다. 남에게 배우는 일이 경제적이라고 생각하기 때문이다. 엄친아를 기른 친구를 인정하면 그가 차를 사면서 자녀 교육의 비결을 일러준다. 인정에 목마른 까닭이다. 고수는 어제의 나보다 나아지려고 꾸준히 노력한다. 가족에게 어제보다 나아지자고 제안하며 그 길로 날마다 나아간다.

## 서로 나아지게 한다

'나보다 공부도 못한 계집애가 남편을 잘 만나더니 딸까지 명문대에 보냈다고? 이제 무슨 수로 그 년을 따라잡을꼬.' 친구들과 수다를 떨다 연립주택으로 돌아온 순심이는 오늘 들은 소식을 떠올린다. 아무 영문도 모르는 남편과 아들에게 화를 낸다. 나는 잘났는데 이 인간들이 못나서 불행하다고 생각하기 때문이다. 화려한 친구와 초라한 자신을 대조할수록 가족에게 분노가 치민다.

순심이는 자녀끼리 견주어 집안을 상극의 도가니로 만든다. 걸핏하면 "네 형 좀 봐라." 하며 동생을 나무란다. 그 말을 듣고 동생이 '그래, 나도 형을 닮아야지.' 하면 얼마나 좋을까. 슬프게도 엄마가 자녀끼리 비교하니 형제는 서로 미워한다. 자녀들이 결혼하면 엄마의 양육 방식을 따를 테니 태어나지도 않은 후손까지 미리 망가뜨리는 셈이다. 엄마가 삼대를 멸하는 하수가 되는 것이다.

고수는 자녀를 다른 사람과 긍정적으로 비교한다. "우리 아들은 삼촌처럼 멋진 선수가 될 거야" 하는 식이다. 이런 비교도 자녀에게 부담을 주지만 부정적인 비교보다는 낫다. 다만 자녀를 거인과 비교하지는 않는다. 피겨 스케이팅을 배우기 시작한 딸을 김연아와 비교하면 상처를 받기 때문이다. 고수는 딸보다 조금 앞선 사람과 견주어 발전동기를 부여한다. 자녀의 기량에 따라 그 대상을 높인다. 동네 스케이트장에 경쟁 상대가 없으면 더 넓은 곳에서 비교 대상을 찾아서 비교한다.

고수는 자신과 겨루며 나아간다. 스스로 어제보다 나아져서 집안을 일으키려 한다. 자신을 혁신하려고 아빠와 선의로 경쟁하니 자녀도 나아지려고 애쓴다. 가족의 강점을 보고 자신을 채찍질하는지라 가족을 자극하면서 자신도 자란다. 그러는 사이에 집안이 흥성한다.

엄마가 비교하지 않아도 자녀 스스로 남과 견주며 산다. 자녀도 엄친아보다 빨리 달리고 싶다. 엄친아를 앞서기가 어려울 뿐이다. 몇 년 동안 스케이트를 탄 엄친아를 몇 달 만에 제치기 힘들다. 동네 일등도 수없이 엉덩방아를 찧으면서 오랫동안 노력해야 할 수 있다. 그 과정에서 운동을 그만둘까 고민도 하고, 허리를 다쳐 병원에도 다니게 된다. 그런 과정을 거치면서 심신을 오래 단련해야 엄친아를 따라잡는 것이다.

하수는 누가 자신을 다른 사람과 견주면 화를 낸다. 자녀가 "엄마는 왜 친구 엄마처럼 교사가 못 되었어?" 하면 기겁을 한다. 자녀도 다른 엄마를 끌어다가 엄마를 초라하게 만들 수 있다. 자녀에게 엄마는 더 이상 성역이 아니다. 초등학생만 되어도 엄마의 격을 잘 안다. 엄마가 옆집 아줌마보다 못하다는 사실을 알지만 그대로 말하면 고달파지니까 참을 뿐이다. 자녀는 자랄수록 제자리에 머물러 있는 엄마를 초라하게 본다.

고수는 자신을 다른 고수와 비교한다. 고수 가운데 뛰어난 사람이 되려고 자신을 격려한다. 어제보다 나아지려고 날마다 앞으로 나아간다. 자신에게 투자하여 꿈을 이루면서 자녀도 따라오기 바란다.

재능에 만 시간을 투자한다고 하여 누구나 별이 되는 게 아니다. 만 시간을 연습해도 사람에 따라 성패가 갈린다. 조건이 맞지 않는 데다 노력의 강도나 방법에 문제가 있으면 수만 시간을 투자해도 스타가 될 수 없다. 고수는 자녀가 재능을 보이는 일에 힘쓰도록 유도한다. 성공하려면 시간 말고도 여러 자원이 필요하다. 가장 중요한 자원은 엄마다. 엄마가 여러 요소를 총괄하여 남보다 뛰어난 역량을 갖춰야 자녀가 꿈을 이룬다. 스스로 나아지려고 애쓸 때 성공하는 것이다.

자녀는 엄마의 자궁 로또에 당첨되어 이 땅에 태어났다. 수억 대일의 정자 전쟁에서 승리한 영웅이요, 우주에 하나뿐인 보물이다. 유일한 보물을 왜 엄친아와 비교하는가. 자녀의 격은 엄마가 결정한다. 엄마에 따라 왕자도 되고 노예도 된다. 때문에 만국공용 욕설은 엄마의 신분을 들먹이는 것이다. 조선 영조는 임금이었지만 평생 미천한 엄마의 아들이라는 콤플렉스에 시달렸다. 다행히 이제 신분은 사라졌다. 문제는 엄마의 행실이다. 자식은 죄가 없다. 엄마를 선택해서 세상에 나오지도 않았는데 왜 엄마가 자녀 탓을 하는가. 엄마가 왜 자녀를 다른 아이와 비교하는가. 자녀와 견줄 사람은 세상에 아무도 없다. 자식은 우주의 주인공이다. 아니, 우주 자체다. 엄마와 아이는 한 우주에서 나뉘어 두 우주가 되었다. 서로 존중하고 어제보다 더 나아지려고 서로 견주면 된다.

우리는 정자와 난자가 만나 몇 년 만에 수억 배 넘게 자란다. 외모는 20대가 되면 결정되지만 내면은 죽을 때까지 성장한다. 하수는 외모에 치중하는 반면에 내면은 무시한다. 얼굴은 돈을 들여 가꾸면서 도서관에서 공짜로 읽을 수 있는 책은 안 본다. 엄마가 내면을 갈고닦아야 자녀도 내면을 중시한다. 엄마가 지식과 경험을 어제보다 나아지는 데 쏟을 때 격이 올라간다. 얼굴을 성형하여 자신감을 얻는 전략보다 내면을 혁신하는 길이 훨씬 낫다. 생각을 바꾸면 자녀와 함께 성공하기 때문이다.

자녀는 특별하지 않아도 유일하다. 고수는 자녀를 명품으로 만들려고 날마다 자신을 갈고닦는다. 하늘이 맺어준 인연을 최선을 다해 멋지게 만들려고 애쓴다. 이 땅에서 자녀와 자신을 빛내려고 날마다 힘쓴다. 자녀와 서로 보물이라고 믿으며 누가 잘 다듬는지 겨룬다.

어머니는 내 앞에서 나보다 잘난 사람에 대해 이야기하지 않는다. 아이러니하게도 먼 친척이 내가 운영하던 논술학원이 전북에서 최고라고 하자 내 아들이 전북 최고라고 하며 기뻐했다. 저술 시장에 뛰어든 내가 마음에 안 들어도 나를 비판하지 않는다. 마을 회관에서는 동네 자식들을 놓고 이야기하기 십상인지라 회관이 코앞에 있으나 잘 가지 않는다.

고수는 세월만 가면 돌아오는 자기 생일보다 자녀가 어제보다 나아진 날을 더 챙긴다. 자녀가 어제보다 나아지면 그 날을 생일처럼 기념한다. 구태를 벗고 새롭게 태어난 날은 언제든지 생일이라고 생각한다. 자신을 계발하는 일을 중시하여 매일 최선을 다하며 자신을 발전시킨다. 주어진 환경에서 어제보다 더 나아지려고 날마다 나아간다. 결혼기념일은 잊어도 가족 구성원이 나아진 날은 이벤트를 벌인다. 미래지향적이고 상승지향적인 터라 날마다 좋아지는 데서 기쁨을 얻는다. 그러는 사이에 가족과 더불어 꿈을 이룬다.

# 상생을 목표로 삼는다

## 같은 곳을 보고 걷는다

예일대에서 졸업생을 20년 동안 살펴보니 구체적으로 목표를 정한 3퍼센트의 연봉 총합이 그렇지 않은 97퍼센트의 연봉 합계보다 더 많았다고 한다. 한국인이 목표를 강조할 때 자주 인용하는 내용이다. 두 나라의 차이를 무시하고 미국 사례로 우리를 호도하는 것이다. 번역은 반역이라는 사실을 극명하게 보여주는 사례다. 그야말로 현학적 왜곡이요, 지적 사기다. 우리와 미국은 목표라는 말부터 서로 다르게 쓴다. 신앙을 지키려고 영국에서 목숨 걸고 대서양을 건너 미국을 세운 사람들은 생명을 담보할 만한 꿈을 목표로 본다. 그에 비해 우리는 목표를 자면서 꾸는 꿈처럼 생각한다. 미국 연구물은 여러 배경을 고려하여 신중하게 소개해야 한다.

우리는 학문사대주의에 빠져 미국 명문대라면 사족을 못 쓴다. 제반 환경이 다른데도 미국 명문대에서 나왔다고 하면 덮어놓고 받아들인다. 서양에서 장애 아동을 가르치려고 개발한 교육이론을 영재 학습법으로 둔갑시킬 정도다. 교수들이 그 이론을 유치원생은 물론 대학생에게 가르친다. 서양 교육학자의 이름을 팔면 장사가 되기 때문이다. 하수는 그런 말에 속는다. 외국 이론을 비판적으로 수용할 능력이 없기 때문이다. 하수가 많다 보니 한국 삼류학자들이 미국을 등에 업고 사방에서 판친다. 미국과 달리 한국에서는 교수를 높게 보니까 그런 말이 통한다. 미국 명문대의 위상은 한국 명문대처럼 절대적이지 않다. 그런데 우리는 예일대라는 이름만 들어도 주눅이 든다. 미국 상황을 우리 프레임으로 보기 때문이다. 미국에서는 명문대를 인지 영역이 뛰어난 학생이 가는 곳쯤으로 본다. 그런데 한국의 지식 수입상들은 외국에서 팔리지도 않는 물건을 가져와서 만고의 진리인 것처럼 이야기한다.

고수는 안목이 높아 세계적인 석학의 이론도 비판적으로 수용한다. 그 주장을 한국의 상황에 맞게 받아들인다. 미국인은 하나를 알면 열을 아는 듯이 말하고, 우리는 열을 알아도 하나밖에 모르는 것처럼 이야기한다. 문화적으로 미국은 과장을, 우리는 겸양을 중시하기 때문이다. 사대주의와 겸양 의식을 교차하는 방식에 따라 우리는 미국인의 말을 10배, 100배 부풀려서 듣는다. 열등감과 패배감에 싸인 하수는 미국 삼류교수의 말을 세계 최고로 받든다.

물론 미국에 세계적인 대학이 많으며, 우수한 인재가 그곳에 모인다. 세계에서 나오는 심리학 연구의 십중팔구가 미국산일 정도다. 그러나 그 중에는 심사위원과 제출자나 아는 논문도 즐비하다. 상품보다 하품이 많다는 이야기다. 한국에는 상품과 하품이 아울러 상륙한다. 문제는 한국의 삼류 학자가 미국의 석학처럼 자신을 과장하여 시원찮은 이론을 대단하게 여기는 데 있다. 하수는 삼류 학자의 나팔수 노릇을 자처한다. 엉터리 이야기를 따져 보지도 않고 믿는다. 외국 이론을 비판하고 분석할 만한 안목이 없기 때문이다. 그들이 허황된 목표를 이루지 못하는 것은 말할 것도 없다.

고수는 계획을 꾸준히 실행하여 목표를 달성한다. 자녀를 서울대에 보내려고 자녀와 함께 이십 년 동안 계획을 실천한다. 대입 전형에 따라 목표와 계획을 유연하게 수정하며 나아간다. 자녀의 스마트폰 화면에 서울대 정문을 올려놓는다고 자녀가 서울대에 들어가는 게 아니다. 지방 대학에 가려고 했다가도 서울대에 갈 만한 성적이 나오면 목표를 서울대로 바꾸면 된다. 실력을 올리는 데 비하면 목표를 고치는 일은 너무 쉽다.

자녀가 중학생이 되면 대부분의 엄마는 서울대를 목표에서 제외한다. 자녀가 서울대에 들어갈 만한 성적을 못 내기 때문이다. 목표를 수립하는 일보다 20년 동안 서울대를 바라보며 자녀와 더불어 나아가는 일이 훨씬 어렵다. 계획이야 하루아침에 세우지만 그것을 수십 년 실행하려면 지독해야 한다. 고수는 영리한 독종이다. 계획을 수립하는 데보다 실행하는 일에 몰입한다. 냉혈 동물처럼 냉정하게 목표를 바라보고 나아간다.

고수는 자녀를 따라간다. 자녀와 함께 자라는 데 목표를 두고 자신을 계발한다. 유치원 시절부터 자녀를 따라가며 지원이 필요할 때 자녀를 돕는다. 목표보다 실행을 중시하며 자녀가 자발적으로 공부하도록 한다. 최고의 학습 동기는 성적 향상인 줄 아는지라 자녀가 성취감을 맛보며 나아가게 한다.

고수는 상황을 총체적으로 보고 자녀의 진로를 결정한다. 자녀가 공부 대신 운동을 하겠다고 하면 그 이유를 듣고 길을 잡는다. 먼저 자녀가 공부하기 싫어서 운동을 한다고 하는 게 아닌지 의심한다. 공부를 포기한 뒤에 운동도 힘들면 그만둘까 염려한다. 운동하려는 목표가 무엇이며, 그 목표를 어떻게 실행할지 알아본다.

고수는 아들이 운동에 재능이 있어도 현실을 직시한다. 운동으로 성공하기 힘들 뿐만 아니라 운동을 하다 그만두면 할 일이 적기 때문이다. 우선 아들이 십 년 넘게 땀을 흘리며 재능을 연마할 수 있을지 판단한다. 자신이 보약을 들고 자녀를 따라다닐 만한지도 고려한다. 자녀를 경제적으로 지원할 능력이 있는지 따져본다. 가난하면 운동으로 성공하기 힘들기 때문이다. 체육 과외비도 적지 않으며, 잘 먹어야 체력을 유지한다. 국수 먹고 금메달을 땄다는 전설은 더 이상 나오지 않는다.

운동은 잘해도 길이 좁고, 공부는 잘하면 할 일이 많다. 그래서 고수는 교사가 자녀에게 운동을 권해도 냉정하게 판단한다. 교사는 학생보다 자신의 업적을 중시한다. 지도자 점수를 따면 승진에 도움이 되기 때문이다. 정작 체육교사는 자녀에게 운동을 잘 권하지 않는다. 체육계를 잘 알기 때문이다.

현실적으로 운동해서 성공한 사람보다 운동하다 실패한 사람이 많다. 패자는 말이 없어 그 실상을 모를 뿐이다. 고수는 대중 매체가 조성하는 분위기에 들뜨지 않는다. 정보를 수집해서 분석한 뒤에 자녀와 함께 종합적으로 판단해서 진로를 정한다.

선수가 되어도 국제 대회에 나갈 기회가 점차 줄어든다. 당국에서 국제 대회를 유치하기가 갈수록 힘들다. 한국에서 열었던 국제 대회는 대부분 적자를 냈기 때문이다. 최근에 개최한 여수엑스포, 광주세계광엑스포, 충주세계조정선수권대회만 보아도 모두 빚잔치였다. 평창 동계올림픽은 열기도 전에 강원도의 혹이 될 거라고 예측하는 사람이 많다.

이제 국제 대회는 국가의 위상과도 상관성이 적다. 아시안 게임에서 한국이 일본을 이겼다고 하여 한국을 일본보다 낫다고 보는 나라가 있을까? 체력이 국력이 아니라 총력이 국력이다. 총력 중에서는 체력보다 뇌력이 더 중요하다. 일본은 노벨상을 22개, 우리는 1개 받았다. 일본은 스스로 학문의 길을 구축한 셈이다. 일본은 스스로 경제 침체에서 벗어날 힘이 있는데 우리는 그럴 능력이 없다. 그래서 우리가 일본처럼 장기 불황에 빠지면 끝없이 추락할 것이라고 예상한다. 체육계 거품은 국가에서 만들었다. 나라가 그 거품을 힘겹게 유지하는 형편이다. 최근에 올림픽을 유치한 그리스나 러시아 등은 국가의 생존을 걱정할 정도다.

공부가 운동보다 길이 넓다. 체육고는 15곳인데 그나마 정원을 채우기 힘들다. 체육고는 가서도 규율과 훈련이 엄하여 적응하지 못하는 수가 많다. 유소년 축구선수 열 가운데 한둘이 축구로 밥벌이하는 게 현실이다. 운동을 하지 말라는 이야기가 아니다. 상황을 직시한 뒤에 자녀와 함께 목표를 정해야 꿈을 이룬다는 말이다. 고수는 신중하게 목표를 설정한 뒤에 자녀와 함께 꾸준히 나아간다.

## 자녀와 서로 살려준다

고수는 자녀가 한글을 익히고 나면 한자를 가르친다. 한자교육으로 어휘력을 늘리니 그 자녀는 갈수록 공부를 잘한다. 국어 어휘의 절반 이상이 한자어요, 국어는 도구 교과이기 때문이다. 이를테면 초등학교 수학 교과서에 나오는 약수, 배수, 진분수, 가분수는 모두 한자어다. 이런 용어를 모르면 서술형, 논술형 수학 문제는 무엇을 묻는지 이해를 못한다. 따라서 고수는 자녀에게 체계적으로 언어 교육을 한다. 엄마가 자녀와 함께 언어를 공부하며 상생한다.

하수는 아이와 스마트폰을 가지고 논다. 아이를 영상에 빠뜨려 문자를 멀리하게 한다. 영상은 문자보다 자극적인지라 영상을 좋아하면 문자는 싫어한다. 언어 학습에서는 노출과 활용이 중요하다. 아이를 영상에 많이 노출시키면 언어를 활용할 기회는 그만큼 줄어든다.

하수는 아이를 안고 스마트폰을 들여다본다. 아이는 엄마가 보는 영상을 궁금하게 생각한다. 아이가 스마트폰을 달라고 떼를 쓰면 하수는 아이에게 스마트폰을 준다. 한 통계를 보면 엄마의 8할이 아이가 두 살이 되기 전에 아이에게 스마트폰을 준다. 아이는 영상을 보며 자극적인 그림과 소리에 홀려 사고력을 못 기른다. 화면을 보며 시각과 청각을 지나치게 쓰는지라 뇌를 골고루 발달시키지 못한다. 자연을 오 감으로 인식하기에 앞서 시청각을 전자기기에 과도하게 노출시켜 정서 와 뇌력을 훼손한다. 엄마가 나서 자녀가 세상을 오감과 머리 그리고 가슴으로 인식하지 못하게 막는 것이다.

5세 안팎에 뇌력의 8할을 형성하는데 엄마들이 그 시기에 아이를 영상에 빠뜨린다. 그때 종합적 사고를 담당하는 전두엽이 발달하므로 그 시기에는 정서적 안정이 가장 중요하다. 그 시기에 스마트폰을 가지 고 놀면 뇌력을 기르지 못하는 데다 문자언어에 익숙하지 않아 클수 록 공부를 못한다. 영상을 보며 사유 체계를 기계적으로 작동하니 논 리적인 사고를 못한다. 엄마를 잘못 만나 공부의 기초를 닦기는커녕 그 바탕을 무너뜨린다. 그런 아이는 커서도 공부보다 놀이를 좋아한 다. 세살 버릇이 여든 가기 때문이다.

영상을 즐기다 보면 야한 동영상에 끌리게 된다. 원초적인 본능을 자극하는 야동에 빠지면 아동도 성기를 만지거나 물건에 성기를 문지 른다. 그때 엄마가 잘못 대처하면 갈수록 강한 자극을 추구한다. 어 릴 때부터 관능적인 쾌락을 탐하면 지적 쾌락을 추구하기 힘들다. 관 능적 쾌락은 말초적이고 즉각적인 데 비해 지적 쾌락은 정신적인 데다 보상이 느리기 때문이다. 공부는 본능을 누르고 의지를 기울여야 할 수 있다. 즉흥적인 재미에 빠진 아이가 십 년 뒤를 생각하며 공부하기 어렵다. 오늘의 만족을 내일로 미루고 지금 하기 싫은 일을 해야 공부 를 잘한다. 당연히 영상에 빠진 자녀는 공부를 못한다. 그 자녀는 나 중에 엄마가 어릴 때 영상을 보여주어 자신을 망쳤다고 말한다. 엄마가 자녀를 잘못 키운 터라 입이 열 개라도 말을 못한다. 엄마가 그 자녀의 인생을 책임져야 한다. 슬프게도 그런 엄마는 자기 입에 풀칠하기도 바쁘다.

고수는 자녀가 오감을 이용하여 공부하도록 한다. 그림책을 자녀와 함께 보면서 이야기를 나눈다. 그러는 사이에 자녀는 사고력을 키운다. 자녀가 여러 감각 기관을 움직여 뇌력을 강화하도록 한다. 엄마와 더불어 뇌력을 기른 덕분에 그 자녀는 공부를 잘한다. 엄마와 소통을 잘하니 사회성도 뛰어나다. 고수는 힘들어도 교육 원리를 실천하여 자녀를 상생의 길로 이끈다. 엄마가 이런 자세로 사니까 자녀가 성공하여 집안을 일으킨다.

하수는 공부가 무엇인지도 모르는 아이에게 따라다니며 공부타령을 부른다. 자녀가 '공부' 소리만 들어도 짜증이 나게 하여 자율학습능력을 망가뜨린다. 전업주부 가운데 하수가 어떤 엄마보다 육아 스트레스를 많이 받는다. 종일 자녀에게 공부하라고 잔소리를 하며 자녀가 내는 짜증까지 둘러쓰기 때문이다. 자녀가 엄마를 싫어하니 공부를 안 한다. 그 성적을 놓고 아빠가 엄마와 자녀를 나무라면 서로 책임을 떠넘기려고 싸우게 된다. 그야말로 가정이 상극의 소굴이 된다.

고수는 아이가 보는 앞에서 책에 메모를 하면서 소리 내어 읽는다. 아이가 엄마를 따라 글씨를 쓰려고 하면 미리 마련해둔 종이와 필기도구를 준다. 아이에게 글씨 쓰는 요령을 일러주면 아이는 신나게 글씨를 쓴다. 글씨를 쓰는 동안 은은한 소리를 듣고, 글을 쓰면서 종이에서 부드러운 촉감을 느낀다. 종이에서 나는 향기를 맡으며, 색연필에서 나오는 글씨를 바라본다. 자녀가 오감을 이용하여 즐겁게 공부하도록 돕는 것이다. 고수는 자녀가 쓴 글씨를 칭찬하여 아이가 쓰기를 지속하도록 한다. 자녀가 글을 쓰며 엄마와 이야기하면 시각과 청각을 이용하여 뇌력을 기르니 학습 효과가 크다. 고수는 읽고 쓰는 일이 시공을 초월하여 사람들과 소통하는 방법인 줄 안다. 그래서 아이가 글을 쓰면 축하 파티를 열어준다. 글씨 쓰는 일을 즐기는 사이에 자녀는 문화인이 된다. 고수는 자녀와 함께하는 글쓰기를 최고의 교육으로 알고, 자녀가 쓴 글을 보석처럼 생각한다.

고수는 자녀의 학습 본능을 자극한 뒤에 본능에 따라 공부하도록 한다. 자녀가 공부하면 칭찬하여 공부에 재미를 붙이게 한다. 그 일에 의도를 갖고 임하지만 자연스럽게 실행한다. 자녀가 어릴 때는 되도록 여러 감각을 사용하여 표현력을 높인다. 어떤 말을 해도 맞장구를 쳐서 생각하며 말하도록 유도한다. 자녀 교육의 목표를 엄마와 자녀가 상생하는 데 두고 함께 나아간다. 엄마와 자녀가 서로 도우니 아빠도 자녀 교육에 동참하여 가족이 상생하게 된다.

# 하루하루 더불어 자란다

## 날마다 성공을 맛본다

고수는 아이에게 책을 꾸준히 읽어준다. 자기가 책을 읽어줄 수 없을 때는 아빠에게 책을 읽어달라고 부탁한다. 자신에게 엄격하여 다짐한 일은 끈질기게 실천한다. 자녀에게 책을 잘 읽어주려고 나이에 맞는 책과 책을 읽어주는 방법 등에 대해 공부한다. 책 고르는 눈을 높이려고 독서이론서를 읽는다. 그를 바탕으로 추천도서목록을 참고하여 책의 개요를 읽고 책을 고른다. 고수는 자녀가 자라는 대로 알맞은 책을 골라준다. 그 자녀는 자연스럽게 책을 좋아하여 스스로 책을 골라 읽을 수 있게 된다.

하수도 옷은 여기저기 다니면서 스스로 고른다. 마음에 드는 옷을 입어보면 몸에 맞는지 아는 까닭이다. 아이 책은 옷보다 고르기 어려운 일인데 서점을 돌아다니기는커녕 인터넷에 나오는 정보도 안 보고 구입한다. 남들이 산다고 하면 표지도 안 보고 전집을 들여놓는다. 인터넷 서평을 읽어보고 고르는 정도면 양반이다.

고수는 아이와 함께 서점과 도서관에 자주 들른다. 대형 서점에 가서 자녀를 책 바다에 빠뜨린다. 책은 되도록 전집보다 단행본을 산다. 독서 능력과 선택 능력을 아울러 키우려는 의도다. 옷은 쇼핑몰에서 구입해도 책은 서점에 가서 살펴보고 고른다. 옷이야 겉을 가릴 뿐이지만 책은 심신을 드러내기 때문이다.

유대인 엄마는 자녀의 나이에 맞게 독서 지도를 한다. 그들은 『탈무드』를 참고로 하여 자녀에게 알맞은 책을 골라 준다. 『탈무드』에서는 5세는 성경을, 10세는 율법을, 13세는 계명을, 15세는 토론을 배울 나이라고 말한다. 유대인 엄마들은 그것을 생애주기에 맞는 교양도서로 안다. 그 밖의 서적은 자녀의 개성과 희망을 반영하여 엄마가 선택한다. 그렇게 자녀의 공부 바탕을 다져 자식을 세계 최고의 지식인으로 만든다. 유대인이 모계 혈통을 중시하는 까닭이 여기에 있다.

한국 엄마들이 유대인 엄마와 견주는 수가 있다. 그러나 한국 엄마는 유대인 엄마의 적수가 못 된다. 외국인들은 '한국인 엄마' 하면 뻔뻔하고 제 자식밖에 모른다고 생각한다. 기본 소양이 없다고 보는 것이다. 반면에 '유대인 엄마(Jewish mother)'는 세계적으로 자녀에게 공부를 극성스럽게 강조하는 엄마로 통한다. 자녀와 토론하며 함께 자라는 엄마로 본다는 말이다.

한국 엄마와 유대인 엄마 사이에 격차가 나는 까닭은 그들이 주말을 보내는 모습을 보면 바로 알 수 있다. 유대인 엄마는 안식일 전날에 집에서 음식을 장만하여 안식일에 예배를 드린 뒤에 먹는다. 그에 앞서 신은 물론 엄마에게 감사와 찬양을 올린다. 음식을 나누면서 여러 가지 이야기를 한다. 엄마도 평일에 공부해야 토론에 참여할 수 있다. 그들에게는 평일에 드라마를 보고 친구와 수다 떨 시간이 없다.

한국 엄마는 주말에 외식을 즐긴다. 식당에서는 먹느라고 바쁜 데다 시끄러워 대화를 나누지 못한다. 신문은 안 보고 영상에 빠져 살뿐더러 자녀를 자극하는 일에 관심이 적다. 자녀 교육은 남에게 돈을 주고 밖에서 하려고 한다.

유대인 엄마와 한국 엄마는 자녀를 대하는 태도에서도 판이하다. 유대인 엄마는 자녀 교육을 절대자가 엄마에게 맡긴 사명으로 본다. 신이 모든 가정에 깃들 수 없어 엄마에게 자녀를 위탁했다고 생각한다. 종교와 교육을 하나로 여기며 선민의식을 가진 터라 자녀를 신의 선물로 알고 거룩하게 가르친다. 그들은 수천 년 동안 세계를 떠돌아다니며 지식의 중요성을 절감했다. 그리하여 자녀에게 외국어와 정보를 머리에 담으라고 강조한다.

교육성과를 보면 한국 엄마는 유대인 엄마 옆에도 못 간다. 유대인은 노벨상의 25퍼센트를 점유했다. 우리는 노벨상을 한 명 받았을 뿐이다. 한국 인구가 유대인보다 세 배가 넘으니 그에 건줄 수 없다. 우리가 노벨상을 받지 못하는 책임을 엄마에게 모두 돌릴 수는 없으나, 엄마가 자녀를 일차적으로 교육한다는 점에서 많은 책임이 있다.

한국 엄마는 유대인 엄마와 달리 육아를 고역으로 생각한다. 일부 하수는 육아를 부정적으로 규정한다. 그들은 시집에서 명절 음식을 장만하며 가족과 뭉치기는커녕 명절이 오기 전부터 싸운다. 명절에 친인척을 위해 음식을 만든다고 여기지 않고 시집에서 혹사당한다고 생각하기 때문이다. 수천 년 동안 여자들이 받은 고통에 대한 반동으로 이해하려고 해도 동의하기 힘들다. 일부 여성주의자들이 대롱을 통해 세상을 보고 사실을 호도하는 말은 특히 그렇다.

유대인 엄마도 차별을 당하지만 그들은 신앙과 전통을 존중하여 그것을 감내한다. 그들은 기념일에 자녀에게 조상들이 어떤 길을 걸어왔는지 일러준다. 한국 엄마보다 못 나서가 아니라 그들의 정체성을 지키려고 자녀에게 명절의 의미를 교육한다. 유대인 엄마들은 고통을 감수하며 가정을 지킨다. 우리나라 이혼율은 세계 최고 수준인 데 견주어 그들의 이혼율은 세계 최하 수준이다. 이스라엘의 경우, 그 비율이 2퍼센트 안팎이다.

엄마의 고하는 그 신념에 따라 갈린다. 같이 음식을 장만하면서도 유대인 엄마는 감사하고 한국 엄마는 불평한다. 유대인 엄마는 주마다 돌아오는 안식일을 기다리는 데 비해 한국 엄마는 한 해에 몇 번 오는 명절을 싫어한다. 한국 엄마는 일차원에 머물고 유대인 엄마는 다차원에 힘쓴다. 유대인 엄마 가운데 고수는 가스실에서 죽어 가면서도 아이를 축복하는 노래를 불렀다. 노래방에서 내 청춘을 돌려 달라고 울부짖는 한국 하수와 격이 다르다.

유대인 엄마는 총체적인 지혜와 통찰을 지녔다. 자녀를 세계 최고의 지식근로자로 만들려고 엄마부터 천하제일이 되었던 것이다. 한국 엄마는 유대인 엄마에 견주어 공부를 안 한다. 때문에 현실을 다면적으로 관찰하지 못해 하수에게 휘둘린다.

한국 엄마들의 교육열은 대단하나 구체적인 노력은 안 한다. 대입 정보를 스스로 찾기보다 입시설명회를 쫓아다닌다. 대중적인 설명회보다 개별적인 공부가 효과적인데 머리를 써서 정보를 얻지 않는다. 엄마가 대입 전형에 대해 아는 만큼 자녀의 실력이 오른다. 고수는 자녀에게 맞는 전형 방법을 알려고 공부한다.

고수는 자녀에게 책 읽는 모습을 보여주지 못하고, 책을 읽어주지 못했다면 집을 독서하기 좋은 환경으로 꾸민다. 그나마도 안 하니 자녀들이 공부를 싫어한다.

도다 이쿠코는 『일본 여자가 쓴 한국 여자 비판』에서 한국의 초등학교 여교사 집에 책상이 없어서 놀랐다고 하였다. 우리가 한 달에 1권 안팎의 책을 읽는 데 비해 일본 사람은 5권 내외를 읽는다. 한국 교사는 책보다 TV를 많이 볼 것이다. 일본 여자가 한국 여자 한 명을 보고 일반화하여 한국 엄마들을 흉본다고 생각할 수 있다. 그러나 여교사가 이 정도라면 다른 한국 엄마는 볼 게 없다고 생각하는 게 상식이 아닐까?

한국 엄마들은 유대인 엄마와 비교하고 싶지만 일본 여자는 한국 엄마들을 자기들보다 시원찮게 본다. 고수는 기분이 나빠도 일본 여자의 비판에 귀를 기울인다. 적에게도 장점이 있으면 취한다. 한국 엄마는 자녀의 성적이 떨어지면 화를 내지만 자녀가 다른 아이를 때리면 그냥 넘어간다. 자녀를 잘못된 길로 안내하는 셈이다. 일본 엄마들은 자녀에게 다른 사람에게 피해를 주지 말라고 가르친다. 자녀가 식당에서 뛰어다니면 따끔하게 나무란다. 예절을 중시하는 까닭이다.

고수는 하루하루 자녀와 더불어 자라는 데서 기쁨을 얻는다. 그런 자세로 살다 보니 자녀 교육을 즐겁게 수행한다. 자녀와 상생하려는 태도를 보이는 데 돈이 안 든다. 관심을 기울이면 태도를 바람직하게 바꿀 수 있다.

물론 한국 엄마 가운데 유대인 엄마를 능가하는 사람도 있다. 그러나 대체로 말해 한국 엄마들은 유대인 엄마보다 수준이 낮다. 한국 엄마를 비난하려는 의도가 아니라 상대를 알고 그 강점을 취하라는 뜻이다. 근거 없이 자신감을 갖기보다 현실을 직시하기 바라는 뜻에서 개인적인 소감을 서술했다. 한국 엄마의 아들로서 교육현장에서 많은 엄마들을 만나본 뒤에 제시하는 소망이다.


## 오늘이 인생이다

고수는 오늘의 성과로 어제와 내일을 보여 준다. 오늘이 인생이라고 여겨 날마다 성과를 내려고 노력한다. 하루하루 충실하게 사는 만큼 그 격이 오르기 바란다. 내일을 오늘처럼 중시하여 자녀의 과거를 들먹여 내일을 해치지 않는다. 성적이 나빠도 "지금부터 잘하면 돼!" 하고 격려한다. 자녀가 몇 번 실패해도 "싹수가 노랗다!"고 하지 않는다. 실패를 딛고 성공한다고 보는 까닭에 넘어지면 "경험의 학교에 수업료를 낸 거야!" 하며 힘을 준다.

하수는 내일은 불안하니 오늘을 즐기자고 말한다. 오늘이 사랑하기 딱 좋은 날이라고 노래한다. 오늘 자원을 낭비하니 내일 기회가 와도 잡지 못한다. 그들은 고수가 어제 노력한 사실을 인정하지 않는다. 고수의 고난을 외면하고 그들이 쉽게 성공했다고 생각한다. 하수일수록 고난을 싫어하니 고수가 하수에게는 실패담을 들려주지 않는다. 고수가 운이 좋아 성공했다고 하면 하수는 고수도 자기처럼 놀았는데 운이 좋아 정상에 오른 줄 안다. 자기가 믿는 대로 고수의 말을 왜곡하는 것이다.

오늘 공부한 사람이 내일 성공한다. 눈앞의 만족을 미루고 공부할 때 뒷날에 행복하게 살 수 있다. 고수는 자녀와 더불어 미래에 신나게 살려고 지금 여기에서 고난을 견디며 공부한다. 오늘 심고 가꾸는 일을 즐길 때 내일 거둘 수 있다. 고수는 자녀의 자제력을 길러주려고 자녀의 욕망을 바로 채워 주지 않는다. 의지력을 발휘해 욕망을 자제하도록 한다.

하수는 아이가 밥상 앞에서 피자가 먹고 싶다고 하면 피자를 불러준다. 자녀가 원하는 대로 모두 해준다. 그 자녀는 욕망을 지금 여기에서 바로 채우는 데 익숙해진다. 절제하고 기다릴 줄 모르니 남을 협박해서라도 욕구를 채운다. 그 자녀는 성폭행을 하고도 잘못했다고 생각하지 않는다. 본능을 자기 마음대로 채워도 된다고 생각하기 때문이다.

고수는 자녀에게 오늘의 욕망을 절제하고 내일의 만족을 얻는 힘을 길러준다. 자녀에게 오늘의 욕망을 미래지향적으로 쓰도록 가르친다. 자녀에게 기쁨은 내일 맛보고, 공부는 오늘 해야 성공한다고 말한다. 실제로 그런 자세로 살아가니 그 자녀는 엄마가 죽은 뒤에도 내일을 보며 노력한다.

고수는 남에게 피해를 안 주고, 위험하지 않은 데다 자녀에게 도움이 되면 자녀의 요구를 들어준다. 지금 여기에서 하는 일이 내일 거기에서 하는 일을 가름한다고 생각하기 때문이다.

스티븐 스필버그 엄마는 유대인으로서 학교에서 C 학점을 받는 외톨이를 세계적인 영화감독으로 만들었다. 한번은 스티븐 스필버그가 공포 영화를 만들고 싶다면서 엄마에게 붉고 끈적끈적한 액체를 구해 달라고 부탁했다. 그는 시장에서 버찌를 사다 아들이 원하는 액체를 만들어주었다. 아들은 그 액체를 부엌 벽에 뿌리고 자신이 바라는 장면을 찍었다. 그 광경을 엄마는 말없이 지켜보았다. 부엌은 엉망진창이 되었으며, 그 얼룩을 지우는 데 무려 한 해가 걸렸다.

스티븐 스필버그의 엄마는 자녀 교육의 비결을 이렇게 이야기한다.

"나는 단 한 번도 전형적인 어머니였던 적이 없었어요. 아들이 원하면 들어줘야 한다고 생각했습니다. 그것이 아이의 독창성을 살리는 길이라고 믿었으니까요."

그는 자녀가 원하면 언제 어디로든 달려가 자녀가 끼를 펴도록 도와주었다. 자녀가 사막에서 별을 찍고 싶다고 하면 사막으로 가서, 야영을 하면서 자녀가 창의성을 발현하도록 도왔다. 그는 자녀 교육을 중시하여 자신을 위한 활동은 대부분 포기했다. 학교에서 자기만 학부모회의에 나가지 않았다고 했을 정도다. 그는 자신을 믿고 자녀를 소신껏 키웠다.

스티븐 스필버그는 엄마와 더불어 하루하루 성공했다. 엄마가 자녀와 전쟁을 치르며 수십 년을 보낸 끝에 거인이 되었다. 고수는 일생을 하루같이 하루를 평생처럼 보내며 자녀와 더불어 성공했다.

하수는 자녀가 식탁에 소스를 쏟아 놓고 장난을 치면 "안 돼!" 하고 외친다. 자녀에게 왜 안 되는지 설명하지 않고 하려는 일을 막는다. 아이가 식탁에서 팽이를 돌리려고 하면 엄마가 "하지 마! 식탁에서 무슨 짓이야." 하니 식탁을 밥 먹는 곳으로만 인식한다. 엄마가 아이의 사고를 제한하여 창의성의 씨를 말린다. 그 자녀는 엄마가 두려워 모험을 하지 못한다.

유대인 엄마라고 하여 모두 고수가 아니며 그들이 강점만 지닌 것은 아니다. 다만 그들은 수천 년 동안 각국을 떠돌면서도 자녀를 훌륭하게 가르치려고 노력했다. 그래서 그들은 다른 사람의 경험과 지식에서 배워 자녀를 가르친다. 고수는 그런 유대인 엄마를 스승으로 삼는다. 그들에게 자녀 교육의 슬기를 배워 자기 자녀를 훌륭하게 키운다.

고수는 하루를 효율적으로 활용한다. 하루의 황금기인 오전에는 생산적인 작업을 한다. 그 시간에 자신을 계발하려고 공부한 터라 밤에 자녀가 눈에 거슬리는 행동을 해도 교육적으로 대응한다. 오전에 읽은 책을 생각하며 자녀의 감정을 받아주니 엄마의 품격과 자녀의 성적이 아울러 올라간다. 고수는 하루를 인생이라고 생각하며 자녀와 더불어 날마다 자란다. 매일 자녀와 함께 성공하는 것이다.

# 함께 기르면서 배운다

## 함께 기르면서 자란다

엄마 자격증은 없다. 여자가 아이를 낳으면 누구나 엄마가 된다. 다만 엄마라고 하여 똑같지는 않다. 아이를 죽이는 엄마에서 자녀를 위해 죽는 엄마까지 그 격이 다양하다. 이 책에서는 자녀가 진학한 대학을 기준으로 엄마를 고수와 하수로 나누었다. 내가 학생들의 대입을 지도하면서 엄마들을 만났기 때문에 그렇게 구분했다. 그러나 자녀 교육은 대입으로 끝나지 않는다. 여기서는 엄마 역할의 전반부를 기준으로 엄마를 고하로 나누었을 뿐이다. 그 뒤로도 등급이 바뀌니 죽을 때까지 자녀와 함께 기르면서 자라면 된다. 인생은 후반전에서 승패가 갈리니까 자녀가 대학에 들어간 뒤에 최선을 다하면 얼마든지 품격을 역전할 수 있다.

　요즘 엄마들은 자녀를 한둘 두기 때문에 시행착오를 겪으며 엄마 노릇을 배우기 어렵다. 아이를 낳기 전에 엄마 노릇을 익히면 품격 경쟁에서 유리하다. 고수는 엄마의 길을 나름대로 가려고 엄마 공부를 엄마가 되기 전부터 한다. 아이를 낳은 뒤에는 자녀를 돌보면서 자녀와 상호 교육을 한다. 자녀와 함께 새로운 답안을 만들어가는 것이다.

　고수의 길은 그 숫자만큼 많다. 그들은 저마다 다른 길로 간다. 그 자녀가 천차만별인지라 자녀와 함께 자라면서 걸어간다. 외동이 엄마는 처음이자 마지막인 엄마 길을 걷는다. 엄마가 자녀와 신중하게 상호 작용을 하며 서로 배운다. 취업주부는 일하면서 자녀와 서로 길을 낸다. 새엄마가 되면 또 다른 엄마로서 자녀와 서로 기르며 자라게 된다. 새엄마는 가족관계가 복잡해지는지라 그 조건에 따라 고수가 되는 길도 달라신다. 고수의 길은 여러 갈래요, 그 여정은 끝이 없다.

　최근 들어 이혼할 때 엄마가 양육을 포기하는 경우가 증가한다. 자녀를 걸림돌로 여기는 엄마가 늘어난다는 말이다. 자녀는 잘해야 본전이라고 생각하여 자신에게 투자하려고 그러는지 모른다. 일부에서 양육의 부정적인 측면을 부각하여 그런 엄마가 많아지는 것도 같다.

　고수는 현실을 직시하며 자녀를 바른 길로 인도한다. 지금은 자녀를 유혹하는 일이 엄마가 자랄 때보다 훨씬 많다. 유해업소가 학교와 집을 둘러싸고 있을뿐더러 초등학생이 음란 카페를 운영할 정도다. 고수는 그런 속에서 자녀를 잘 관리하면서 자녀와 긍정적인 관계를 맺는다. 그래야 자녀가 친구의 유혹에 빠지지 않기 때문이다.

　자녀가 제 밥벌이만 하도록 길러도 자녀 교육에 성공한 엄마다. 대부분 자녀에게 투자한 자원을 회수하지 못한다. 한국경제통상학회가 노인의 '사적이전소득'을 조사한 결과에 따르면 양육비 대비 수익률은 −82퍼센트였다. 사적이전소득이란 자녀가 부모에게 주는 용돈으로 보면 된다. 그러니 자식 농사를 지은 부모의 십중팔구가 밑진다는 말이다. 자녀에게 노후를 맡기려고 생각하면 쪽박을 차기 십상이다. 그런데 마음대로 안 되는 일이 자녀 교육이다. 오죽하면 CEO(최고경영자)가 기업 경영보다 가정 운영이 더 어렵다고 했을까. 고수는 엄마 노릇을 혼자 배운 셈이니 MBA(경영학석사과정)에서 경영학을 공부한 CEO보다 낫다. 최고경영자는 한 분야에서 전문성을 발휘하면 되지만 고수는 총체적인 측면에서 뛰어나야 한다. 고수는 보호자와 스승은 기본이요, 의사, 목사, 멘토 역할도 해야 한다. 더러는 아빠 노릇도 하고, 형제자매의 임무도 수행할 필요가 있다.

운은 나보다 좋은 여건에서 공부했으나 취업할 때는 나보다 많이 고생했다. 국가가 발전기를 지나 정체기에 접어들었기 때문이다. 다행히 졸업하면서 일자리를 잡았다. 그동안 인턴을 준비하고, 취업 원서를 내면서 직장의 요구에 맞춰 자기소개서를 쓰기 바빴다. 서류심사, 인성적성시험, 면접을 거치는데 모두 어려운 관문이다. 같은 회사에 들어가려는 사람들과 면접 스터디그룹을 만들어 면접을 연습하기도 했다. 입사 단계에서 면접이 중요하기 때문이다. 한 회사에서는 면접을 1박 2일 동안 치렀다. 내가 대학에 다닐 때보다 채용 과정이 훨씬 복잡하고 입사 경쟁도 치열했다. 입사 절차를 다섯 단계를 거치는 경우도 있었으며 경쟁률이 수백 대 일에 이르는 회사도 있었다. 지켜보기만 해도 안타까울 정도인데 다행히 갈망하던 기업에 들어갔다.

나는 대학 진학률이 20퍼센트 안팎일 때 대학에 다닌 데다 국립대 사범대학이라 시험도 안 보고 교사가 되었다. 지금은 중등교사 임용 고시가 고시의 하나로 통할 정도로 어렵다. 나는 운에게 도움이 될 만한 신문기사를 모아 주었다. 자기소개서 쓰는 요령을 일러주고, 면접에 대해서도 조언했다. 관심을 표명하는 정도였지만 그나마 힘을 주려고 노력했다. 나뿐만 아니라 운의 취업을 도우려고 가족이 모두 취업 전선에서 총력전을 벌였다.

가족의 결속력은 약해졌으나 자녀는 여전히 부부의 최대 관심사다. 심리적인 이혼을 포함하면 온전한 부부가 드물다고 하나 자녀가 가출하면 냉랭하던 부부도 하나로 뭉친다. 이런 속에서 고수는 가정을 지키면서 자녀와 서로 가르치고 배운다. 자녀 교육을 엄마와 자녀가 함께하는 일로 생각하며 자녀를 중심에 두고 가정을 꾸려나간다.

고수는 위기를 자녀와 서로 가르치는 기회로 삼는다. 다른 고수들의 경험을 참고하여 자녀 문제를 해결한다. 당장은 힘들어도 장기적인 안목으로 자녀를 바라보며 가족이 서로 가르치고 배우기 바란다.

자녀 교육은 부모가 자녀를 가르치고 기른다는 뜻이다. 그 말에는 부모가 아이보다 높다는 의식이 깔렸다. 우리가 수천 년 동안 숭상해 온 유교에서는 교육도 상하 질서를 잡는 도구로 활용했다. 여기서는 자녀 교육이란 용어를 엄마와 자녀가 서로 가르치고 기른다는 뜻으로 썼다. 기존 개념보다 평등 이념을 강조했다.

엄마와 자녀가 서로 기르는 동안 가족이 함께 성장한다. 자녀가 어릴 때는 엄마가 자녀를 돕고 성인이 된 뒤에는 자녀가 엄마를 지원한다. 그래서 고수는 아이가 싫어해도 해야 할 일은 하도록 지도한다. 그러다 자녀가 성장하면 자녀 스스로 가르치고 배우며 자라기 바란다.

고수는 자녀와 서로 기르며 자란다. 수시로 자녀를 칭찬하여 자녀가 자신을 가르치면서 기쁨을 누리게 한다. 자녀 교육에 대해 공부하면서 얻은 지식과 경험을 이용해서 자녀와 서로 가르치고 배운다. 자녀에게 문제가 생기면 자신부터 돌아본다. 잘못을 수정하여 다음에는 잘하려고 노력한다. 자녀는 그런 모습을 보고 삶의 슬기를 얻는다. 자녀와 함께 가르치고 배우는 동안 서로 성장하는 것이다.


## 가족과 함께 배운다

고수는 자녀와 말이 통한다. 자녀에게 문제가 생기면 되도록 말로 해결한다. 자녀가 자라는 대로 눈높이를 올리는지라 자녀가 어른이 된 뒤에도 소통이 원활하다. 그만큼 고수는 학습능력과 공감능력이 뛰어나다. 변신에 능하고 다중 역할을 잘 수행하여 가족의 촉매가 된다.

자녀와 통하려면 엄마가 매체 언어를 공부해야 한다. 자녀가 '김천'에서 만나자고 하면 김밥천국으로 가야지 경북 김천으로 가면 안 되기 때문이다. 그들은 기성세대를 따돌리면서 자기들끼리 경제적으로 소통하려고 한다. 세상이 급변하여 세대 차이가 커진다. 엄마가 자녀에게 배운다는 자세로 임해야 그들과 말을 주고받을 수 있다. 늙었을 때 자녀가 와서 함께 이야기하고 싶은 엄마가 진짜 고수다.

세계은행총재 김용의 어머니 전옥숙은 자녀와 함께 공부하며 자녀를 거인으로 길렀다. 그녀는 교육을 자녀와 함께 자라는 일이라고 하였다. 그녀는 미국에서 학사, 석사, 박사학위를 취득했다. 자녀가 학교에 다닐 적에 잠잘 때까지 함께 토론하는 날이 많았다고 했다. 그 덕분에 그 아들은 토론의 달인이 되었다고 한다. 자녀와 대등한 입장에서 의견을 주고받았다는 말이다. 자녀와 토론을 즐길 정도로 지적이고 개방적이었기에 자녀를 세계적인 인물로 길러냈다.

고수는 자녀와 토론하면서 서로 표현력과 사고력을 키운다. 그 토론에 아빠도 참여시켜 가족이 함께 배우도록 한다. 그런 과정을 통해 자녀는 대응력과 설득력을 기른다. 나아가 조직에서 생활하는 방법도 배운다. 고수는 가족을 교육공동체로 만들어 아빠가 이끌어가도록 유도한다. 자녀들이 아빠를 집안의 기둥으로 여기도록 자신부터 아빠를 존경한다.

아빠는 명령에 익숙하여 함께 배우는 일에 미숙하다. 자녀가 자기 말을 비판하면 덤빈다고 생각하기 일쑤다. 고정관념을 바꾸지 않아 자녀와 부딪치곤 한다. 고수는 아빠에게 자녀의 특성을 알려준다. 자녀와 대화하는 요령도 일러준다. 아빠의 자존심을 세워주면서 자녀와 부드럽게 지내도록 한다. 가정에서 정치력을 발휘하여 가족을 협력 집단으로 만드는 것이다.

나는 두 아들과 원활하게 대화하려고 노력한다. 두 아들을 나와 평등하게 대한다고 해도 부드럽게 말을 주고받지 못한다. 학원에서 학생들과 신랄하게 토론하며 지냈는데 자녀들과는 허심탄회하게 말하지 못한다. 자녀들이 나를 경계하기 때문이다. 계급주의와 집단주의가 팽배한 사회에서 살다 보니 두 아들은 아빠를 어려워한다. 반면에 엄마는 권위나 질서를 내세우지 않으니 자녀와 원활하게 소통한다. 나도 그런 자세로 자녀와 대화하려고 노력한다. 자녀를 존중하여 자녀가 무슨 말을 해도 용납하려고 애쓴다. 내가 결단할 일도 자녀와 상의한다. 그 덕분에 자녀와 통하는 부분이 늘어난다. 나는 늙어서도 자녀들과 말이 통하는 아빠가 되고 싶다. 물처럼 유연해져 자녀들의 대화 상대가 되려고 한다. 엄마의 중개를 거치지 않고 자녀와 소통하고 싶은 것이다.

엄마가 아빠와 자녀 사이에서 윤활유 역할을 하면 가족끼리 원활하게 지낼 수 있다. 아빠는 자신을 개방적이라고 생각하여 자녀가 자신에게 고민을 털어놓을 줄 안다. 그러나 아이들 열에 하나도 아빠에게 고민을 말하지 않는다. 고민을 말했다가 혼나기 때문이다. 자녀가 아빠를 개방적으로 보아야 아이들이 입을 연다. 아빠는 자기 아버지에 견주어 개방적이라고 생각하지만 아이들은 자기 입장에서 아빠를 폐쇄적이라고 본다. 아빠는 가부장적인 가치관에 따라 질서를 잡으려고 하니까 자녀가 아빠를 고민을 상담할 사람으로 보지 않는 것이다.

엄마가 자녀에게 죄책감을 심은 나머지 아들이 부모를 살해한 사건이 있었다. 엄마는 두 아들에게 '내가 죽고 싶어도 너희 때문에 못 죽는다. 너희는 내 족쇄다.'고 했다. 아들은 엄마가 자기들 때문에 이혼을 못 한다고 생각했다. 그 아빠는 장교 출신으로 엄마를 억압했는데 그는 아빠를 상극의 원인이라고 보았다. 그런 부모 아래서 사는 게 의미가 없다고 생각한 끝에 그는 부모를 죽였다. 엄마가 아들에게 미안하다고 하기는커녕 '내 족쇄'라고 하니 아들이 분노를 참지 못했다.

이훈구는 『미안하다고 말하기가 그렇게 어려웠나요』라는 책에서 그 사건을 다뤘다. 거기에서 저자는 아들에게 잘못하고도 미안하다고 말하는 게 그렇게 어려웠느냐고 엄마에게 묻는다. 그 엄마가 아빠에게 받은 스트레스를 자식에게 떠넘겨 극단적인 사건이 일어났다고 본 것이다. 자녀에게 엄마가 미안하다고만 했어도 극단적 사태는 피했을 것이라는 말을 듣고 하는 이야기다.

공자는 자녀가 부모의 잘못을 지적하면 불효라고 했다. 그 바람에 한국 엄마들은 자녀에게 잘못해놓고도 미안하다는 말을 안 한다. 어떤 엄마는 자녀에게 잘못하고도 자녀를 위해 희생했다고 말한다. 심지어는 자녀의 죄책감을 이용해 자녀를 조종하는 엄마도 있다. 가정은 제쳐두고 자기만 살려고 하는 것이다. 여자의 위상이 올라가는 분위기를 등에 업고 공자가 발행한 면죄부를 손에 들고 뻔뻔하게 나온다. 그런 엄마는 아이에게 문제가 생기면 그 원인을 아빠 탓으로 돌린다. 가정과 가장을 흔들어 가족을 해체하고 비극을 연출하는 것이다.

엄마와 자녀는 날마다 새로운 삶을 이룩한다. 고수는 서로 배운다는 자세로 하루하루 살면서 아이를 키운다. 죽을 때까지 자녀와 서로 가르치며 배우는 자세를 견지한다. 죽은 뒤 무덤에 들어가서도 자녀를 돕는다.

# 따로 가면서 같이 바꾼다

## 따로 가면서 서로 살린다

어떤 아이는 엄마가 없어지면 좋겠다고 말한다. 엄마가 자기를 못 살게 군다고 생각하기 때문이다. 엄마는 간섭을 사랑으로 알아 아이가 하는 일마다 개입한다. 엄마가 아이를 사랑하는 것은 사실이다. 문제는 아이가 싫다고 해도 따라다니며 간섭하는 데 있다. 자녀가 엄마의 마음을 알아주면 그나마 효과가 있다. 그러나 대부분의 자녀들은 엄마가 간섭하면 역효과를 일으킨다. 자녀는 상황을 스스로 주도할 때 공부를 잘한다. 고수는 자녀를 합리적으로 방목하여 자녀가 스스로 배우도록 한다. 공부하려고 다짐한 아이도 엄마가 공부하라고 하면 책을 안 보기 때문이다. 공부할 마음을 달아나게 해놓고 성적이 나쁘다고 하니 엄마가 사라지기 바라는 것이다.

고수는 자녀와 따로 가면서 서로 살린다. 정보화 시대를 맞이하여 자녀는 대개 부모와 다른 길로 간다. 농사를 짓던 부모와 달리 나는 공부한다. 우리 네 식구는 모두 공부하지만 서로 다른 길로 간다. 우리 가족은 '따로 또 같이' 사는 집단이다. 가족이 나름대로 공부하며 서로 살리면 제 역할을 하는 셈이다.

하수는 자녀가 어릴 때는 게임을 해도 내버려 두다가 초등학교에 들어가면 게임을 못하게 한다. 초등학교 고학년이 되어서도 말을 안 들으면 전화선을 끊는다. 그러면 아이가 엄마에게 대든다. 엄마는 그 때서야 아빠를 개입시켜 문제를 복잡하게 만든다. 아들의 게임 관리는 어릴 때 해야 효과적이다. 고수는 자녀의 학습과 게임을 동시에 관리한다. 어릴 때 공부하면서 게임을 즐기도록 하는 것이다.

고수는 자녀가 어릴 때부터 규칙을 준수하게 한다. 자녀가 초등학생 때까지는 엄마가 정한 규칙을 지키도록 지도한다. 자녀가 중학생이 되면 자녀와 상의하여 규칙을 정한 뒤에 그것을 지키게 관리한다. 어릴 때는 자녀를 엄격하게 규제하다가 갈수록 자율권을 많이 준다.

자녀가 어릴수록 엄마의 영향력이 크므로 게임을 관리하기 좋다. 고수는 자녀가 따로 나아가며 가족을 살릴 수 있도록 자녀를 교육한다. 엄마도 절제하면서 자녀를 제재하니 교육 효과가 크다.


내가 중학교 교사로 지도부실에서 근무할 때 보니 문제를 일으킨 학생의 엄마들은 대부분 친구 때문에 자녀가 빗나갔다고 말했다. 엄마가 자녀의 잘못을 부정할 때는 교사들도 사실대로 말하기 곤란하다. 엄마가 애들끼리 싸운 걸 가지고 귀찮게 하느냐고 하면 교사로서는 그 자녀의 잘못을 이야기하기도 조심스럽다. 문제는 그런 엄마의 아들이 싸움을 주도하는 경우가 많다는 데 있다. 그 자녀도 엄마처럼 문제를 가볍게 여기니 그 잘못을 바로잡기 어렵다. 엄마 때문에 인생이 꼬인 사람이 의외로 많다.

고수는 현실을 인정하고 자녀의 잘못을 고치려 한다. 교사가 이야기하는 상태보다 문제가 심각하다고 생각한다. 자신이 잘못하여 자녀에게 문제가 생겼다고 본다. 문제의 원인을 아는 터라 해법도 쉽게 찾는다. 엄마와 교사가 힘을 합하여 자녀의 잘못을 교정하기 때문이다. 사건이 일어났을 때 엄마와 자녀를 견주어 보면 엄마의 품격이 여실히 드러난다. 스스로는 좋은 엄마라고 생각하지만 남이 보면 그 품격을 고하로 나눌 수 있다.

엄마가 변화를 갈망하면 중학생 자녀도 바꿀 수 있다. 엄마가 반성하고 자녀에게 신뢰를 얻으면 자녀가 엄마의 요구를 들어주기 때문이다. 고등학생이 되면 자녀를 변화시키기 어렵다. 습관이 굳은 데다 맷집이 튼튼해 억지로 바꾸기도 힘들다.

고수는 자녀의 자세를 바로잡기 전에 자신의 언행부터 개선한다. 자녀의 마음을 이해하면서 함께 문제를 해결한다. 그런 엄마 아래서 자란 자녀는 방황하다가도 돌아온다. 고수는 그때 자녀를 포근하게 감싸준다. 가출했다 돌아온 자녀도 세상에서 견문을 넓히고 왔다고 생각한다. 다시 가출할까 봐 떨지 않고 자신의 교육 철학을 견지한다. 이게 말처럼 쉽지 않은 터라 고수가 되려면 열심히 공부하고 담력을 길러야 한다.

자녀에게 헌신하면 헌신짝이 된다고 한다. 하지만 현실적으로 엄마가 헌신하지 않고 자녀를 잘 키우기는 힘들다. 부모와 자녀도 따로 살면서 서로 살리는 게 바람직하다. 부모에게는 자녀의 자립이 가장 좋은 선물이기 때문이다. 부모의 최고 숙제는 자녀의 자립을 돕는 일이다. 자녀가 자립한 뒤에 가족끼리 서로 기르면 가정에 행복이 넘친다. 그 행복의 원천은 엄마다. 엄마가 가정에서 가족을 서로 살리는 일을 수행하기 때문이다.

자녀가 엄마에게 반발하는 것은 엄마와 따로 가겠다는 신호다. 자립이 자녀 교육의 궁극적 목적이니 그야말로 반가운 소식이다. 고수는 자녀가 반발하면 그 뜻을 높이 산다. 자녀가 따로 나아가며 가족을 살리면 집안이 일어나기 때문이다.

요즘 들어 엄마 독립이 문제가 된다. 엄마가 자녀와 따로 가면서 서로 살리는 일을 두려워하기 때문이다. 자녀에게 삶을 바쳤는데 자녀와 따로 살아야 하니 엄두를 못 낸다. 그래서 엄마가 갓난아이처럼 분리 불안을 겪는다.

고수는 서로 살리며 따로 나아간다. 자녀를 위해 일방적으로 희생하지 않고 자녀와 떨어져 지내며 상생하기 바란다. 서로 자립한 뒤에는 상생을 추구한다. 고수는 가족의 삶을 챙기면서 자신의 재능도 살린다. 그런 뜻에서 여자가 집안을 일으킨다는 말은 만고의 진리다.

## 서로 살리며 같이 바꾼다

학원에는 대개 엄마와 자녀가 함께 온다. 아빠는 같이 와도 학원에 들어오지 않고 차에서 기다리는 수가 많다. 성급한 아빠는 본격적인 상담에 들어가기 전에 엄마에게 빨리 나오라고 전화한다. 그사이를 못 참더라도 자녀 교육에 동참했다는 점에서 괜찮은 아빠다. 그런 아빠의 전화에 대응하는 엄마의 언행만 보아도 엄마의 격을 가늠할 수 있다.

어떤 엄마는 상담실에 함께 들어온 아빠가 입을 열면 "모르면 가만히 있어요!"라고 말한다. 자신이 자녀 교육의 주도권을 쥐려는 의도다. 아빠가 학원과 힘겨루기를 못하게 하려고 엄마가 선수를 치기도 한다. 아빠는 학원에서도 상하관계를 설정하려고 하기 때문이다. 아빠와 달리 엄마는 자녀에게 이로운 쪽으로 움직인다. 그러나 학교와 달리 학원에서는 당당하게 나온다. 학교에서는 아이가 인질로 잡혀 있어 을이 되지만 학원에서는 돈줄을 쥐고 있으니 갑으로 군림한다. 학원에서는 교육 서비스를 제대로 제공해달라고 요구한다. 학교에서 나와 학원을 막 시작했을 때는 달라진 엄마들을 보고 당황했으나 힘을 얻어 부모와 대등해지고 보니 그 관계가 오히려 편했다. 엄마의 요구와 내 철학이 합치하면 교육을 효율적으로 할 수 있었기 때문이다.

자녀가 못마땅한 표정을 지으면 대개 엄마가 자녀 대신 상담에 나선다. 그런 엄마를 따돌리고 나는 학생에게 직구를 던진다.

"모의고사 점수가 어떻게 나왔어요?"

그러면 학생들은 '그럭저럭…' 하며 말끝을 흐린다. 사무실에 있는 사람들을 의식하기 때문이다. 옆에 앉은 엄마가 말을 자른다.

"몇 점인지 말해 봐!"

"실수해서 3등급도 안 나왔어요."

"실수? 그게 네 실력이야, 실력!"

"아이, 실수라니까!"

상담하려고 사실을 확인하는 과정에서 엄마와 자녀가 언성을 높이는 수가 있다. 하수는 다른 사람이 있는 곳에서 자녀의 기를 꺾으려고 한다. 엄마가 자녀보다 약하니까 남들 앞에서 선제공격을 한다. 자녀는 점수를 알리기 싫어 실수라고 하는데 하수는 그냥 넘어가지 않는다. 자녀가 자신처럼 뻔뻔한 줄 알고 자녀의 자존심에 상처를 낸다. 그러나 자녀는 엄마가 흠을 들추면 화를 낸다. 흠을 말하면 힘이 빠지기 때문이다.

고수는 자녀와 따로 가면서 같이 바꾼다. 자녀의 약점은 덮고 강점은 드러낸다. 자녀의 점수가 엄마의 기대에 못 미쳐도 자녀를 격려한다. 자녀가 성취감을 맛보며 자발적으로 공부할 수 있도록 분위기를 조성한다. 자녀의 성적이 좋지 않으면 따로 불러 취약한 과목을 보강하자고 제안한다. 자녀가 알았다고 하면 자녀를 믿고 기다린다. 자녀가 공부에 소질이 없어도 노력하는 자세를 보이면 다른 일을 잘할 수 있다고 생각한다. 학교에서 자녀가 다른 활동을 통해 성취감을 맛볼 수 있게 한다. 자녀가 성공 체험을 통해 자존감을 높인다고 생각하는 것이다. 가정을 잘 경영하여 따로 가면서 같이 바꾸어 집안을 살리도록 돕는다.

고수는 자녀가 대입을 코앞에 두고 전략을 바꿔도 가족을 서로 살리는 길로 간다. 자녀가 인생 대전을 슬기롭게 치르도록 가족과 함께 돕는다. 고수는 대입의 결과는 이미 나와 있으며 대입 전형은 그것을 확인하는 과정이라고 생각한다. 때문에 시험 보는 날도 담담하게 보낸다. 물론 그 결과가 나오면 그대로 받아들인다.

엄마의 그릇은 저마다 다르다. 대입에 실패해도 툴툴 털고 일어나는 엄마가 있으며, 모의고사에서 점수가 조금만 하락하면 벌벌 떠는 엄마도 있다. 엄마가 한 문제에 웃고 울면 그 자녀도 시험 공포증에 시달린다. 그런 학생은 공부가 아니라 시험을 요체로 삼는다. 수시로 불안에 떨다 보니 공부와 시험을 아울러 망친다. 하수 아래서 거목이 자라기 힘든 까닭이 이렇다.

고수는 가족과 따로 가면서 같이 바꾼다. 때문에 가족이 발전할수록 상생한다. 고수는 자녀가 시행착오를 겪을 때 따뜻하게 지켜본다. 고수는 자녀가 자발적으로 공부하면 끝을 챈다고 믿고 기다린다. 자녀의 성공에 인생을 걸지 않고, 자녀의 성취를 자기 몫으로 삼지 않는다. 자녀와 서로 살리면서 같이 바꾸는 데 힘쓴다. 그 길이 가정을 살리는 지름길이라고 여기는 것이다.

엄마의 격은 엄마가 자녀를 대하는 태도에 따라 달라진다. 엄마가 자녀를 긍정적으로 대할 때 그 품격이 올라간다. 고수는 자신의 능력을 바람직하게 활용한다. 결핍을 인생의 동기로 삼아 죽을 때까지 배우며 산다. 그 자세를 자녀도 보고 배우니 자녀는 공부를 잘한다.

하수는 자녀에게 명령하는 데 익숙하다. 자녀를 부하로 알아 자기 마음대로 움직이려고 한다. 자기가 자녀보다 더 많이 안다고 하여 자녀에게 함부로 말한다. 부족한 줄 모르는 데다 자녀를 무시하니 자기는 물론 가족이 함께 추락한다. 자식을 어떻게 키워야 할지 모르기 때문에 걸핏하면 큰소리를 친다. 야단을 쳐야 자녀가 움직인다고 생각하는 것이다.

고수는 가족과 상생을 꾀한다. 자녀를 인격체로 보아 따로 나아가며 가정을 같이 바꾸기 원한다. 고수는 건전한 가치관을 일관성 있게 유지하며 자녀 교육을 한다. 변화무쌍한 세상에서 따로 가면서 같이 바꾸기 바란다.

# 닫는 글

어머니는 이미자의 '여자의 일생'을 좋아한다. 그 노래는 '아아, 참아야 한다기에 눈물로 보냅니다. 여자의 일생♪'으로 끝난다. 엄마가 여자보다 잘 참는지라 여자는 약하나 엄마는 강하다. 단군 신화에서 보면 웅녀는 인내력으로 호랑이를 이겼다. 그 후예인 고수도 참고 기다리는 경기에서 하수를 따돌린다. 그는 자신과 자녀에게 엄격하여 고난을 딛고 우뚝 선다. 근력의 시대가 가고 뇌력의 시대가 되자 머리를 써서 가족과 상생한다.

예로부터 고수는 열악한 환경에서 태어났다. 강릉에 신사임당보다 잘난 여자가 많았다. 허난설헌도 강릉 출신으로 신사임당보다 가문은 물론 성적도 좋았다. 난설헌의 아버지 허엽은 경상도 관찰사를 지낸

데 견주어 사임당의 부친 신명화는 벼슬을 한 적이 없다. 사임당은 그림을 남겼으나 난설헌은 한시집을 남겼다. 당시에는 물론 한시가 그림보다 격조가 높았다. 게다가 난설헌은 어릴 때 한양에 가서 견문을 쌓았다. 같은 지방에 살았지만 사임당은 어느 모로 보나 난설헌의 적수가 못 되었다. 그러나 허난설헌이 만난 김성립보다 사임당이 만난 이원수가 집안을 잘 돌보았다. 문제는 아빠요, 정답은 자녀다. 난설헌의 자식은 어릴 때 죽었으며, 그 또한 26세에 요절했다. 반면에 신사임당은 47세까지 살면서 7남매를 키웠다. 이율곡은 그 셋째 아들로 여섯 살 때 한양으로 이사했다. 그는 한양에서 공부하여 과거에 아홉 번이나 수석을 했다. 지방의 보잘것없는 집안에서 태어난 신사임당이 자녀 교육으로 판을 뒤집은 것이다. 사임당은 자신과 자녀에게 엄격하였다. 특히 자신을 엄격하게 다스려 자녀에게 모범이 되었다. 오늘날 우리가 신사임당을 겨레의 어머니로 받드는 까닭이 여기에 있다.

신사임당을 통해 고수의 모습을 그려볼 수 있다. 고수는 먼저 자신과 자녀에게 엄격하다. 심신이 건강하고 아빠를 잘 만나 자녀를 좋은 환경에서 교육했다. 무엇보다 말이 아니라 발로 가르쳤다.

신사임당처럼 자녀를 통해 인생 역전을 하면 약자에게 희망을 주면서 스스로 행복을 만끽할 수 있다. 세상에 이보다 즐거운 일도 드물다.

책을 쓰는 동안 두 여인의 발자취를 둘러보았다. 신사임당을 모신 오죽헌은 아침부터 사람이 붐볐다. 주변에는 사임당 열차에 무임승차하려는 사람이 즐비했다. 사람들은 사임당에게 자녀를 율곡처럼 잘되게 해달라고 머리를 숙이고 기원했다.

허난설헌이 살던 집은 따로 이름이 없어 그냥 허난설헌생가라고 불렀다. 공짜인데도 찾는 사람이 적었다. 소나무에 둘러싸인 기와 몇 채가 고즈넉하게 앉아 있었다. 소나무가 난설헌의 기상을 말하는 듯하고, 옆에 있는 경포 물빛이 그 혼처럼 맑았다. 개울은 풀리지 않은 한을 안고 말없이 흘렀다.

역사는 승자를 기억할 뿐 패자는 망각한다. 당시에는 사임당이 난설헌 옆에 가기도 힘들었을 텐데 오늘날은 사람들이 사임당은 알아도 난설헌은 모른다. 난설헌이 사임당과 같은 땅에 태어나 사임당의 덕을 보는 형국이 되었다.

이제는 개천에서 용이 나오지 않는다고 한다. 그러나 신분이 견고한 조선 시대에도 엄마에 따라 집안의 흥망이 갈렸다. 동서고금을 떠나 자녀 교육에서는 환경보다 사람이 더 중요하다. 고수는 지금도 개천에서 용을 길러낸다. 아빠와 함께 열악한 조건에서 자녀를 훌륭하게 길러 자신과 자녀는 물론 아빠의 격도 올린다.

자녀 교육은 엄마에게 달려 있다. 엄마가 어떻게 가르치느냐에 따라 자녀들의 품격이 달라진다. 아빠는 엄마를 신뢰하고 인생을 투자한다. 고수는 그 믿음을 저버리지 않으려고 자녀와 더불어 죽을 때까지 공부한다.

고수는 자신과 자녀에게 엄격하여 아빠는 물론 집안도 살린다.